湖南省普通高等学校教学改革研究项目"基于'教训赛改'多维融合的体育教育专业足球专项选修课程改革研究"（HNJG—20231191）

基于"教训赛改"多维融合的
足球教学与实践指导

戴江洪　著

全国百佳图书出版单位
吉林出版集团股份有限公司

图书在版编目(CIP)数据

基于"教训赛改"多维融合的足球教学与实践指导 /
戴江洪著. -- 长春：吉林出版集团股份有限公司，
2024.4

ISBN 978-7-5731-4913-8

Ⅰ．①基… Ⅱ．①戴… Ⅲ．①足球运动－运动训练－
教学研究－高等学校 Ⅳ．①G843.2

中国国家版本馆 CIP 数据核字(2024)第 085571 号

基于"教训赛改"多维融合的足球教学与实践指导

JIYU JIAO XUN SAI GAI DUOWEI RONGHE DE ZUQIU JIAOXUE YU SHIJIAN ZHIDAO

著　　者：戴江洪
责任编辑：沈丽娟
技术编辑：王会莲
封面设计：豫燕川
开　　本：787mm×1092mm　　1/16
字　　数：166千字
印　　张：9
版　　次：2024 年 4 月第 1 版
印　　次：2024 年 4 月第 1 次印刷

出　　版：吉林出版集团股份有限公司

发　　行：吉林出版集团外语教育有限公司

地　　址：长春市福祉大路 5788 号龙腾国际大厦 B 座 7 层

电　　话：总编办：0431—81629929

印　　行：长春新华印刷集团有限公司

ISBN 978-7-5731-4913-8　　　　　定价：54.00 元

前 言

  足球被称作"世界第一运动",具有独特的魅力以及广泛的群众基础。足球运动在高校体育教育中占有重要地位,其对大学生的技术水平有一定的要求,兼具竞技性与娱乐性,并且运动量也在大学生可接受范围内,十分契合大学生提升身体素质、保障心理健康的实际需求,因此深受大学生的欢迎和喜爱。高校通过开展足球运动教学与训练来培养大学生"健康第一"的体育意识,有利于推动树立"终身体育"的运动观念,促进大学生身心素质的协调发展,为社会主义现代化建设事业培养全面发展的人才。

  足球是一门运动科学,它的特点鲜明,并且具有独特的发展规律以及完整的理论与训练体系。足球运动又是一项对抗性非常激烈的运动项目,它的技术复杂、战术多变、教学难度较大。因此,高校体育教师必须不断提高自身的理论水平与实践能力,并积极掌握足球运动规律,不断提高自身的理论教学与实践训练能力,在有限的教学时间内完成规定的足球教学与训练任务,促进大学生掌握理论与训练知识。

  本书是一本专门研究高校足球教学与实践的理论著作,内容包括高校足球教学的基本理论、高校足球基本技术教学、高校足球基本战术教学、高校足球训练的基本理论、高校足球运动训练实践、高校足球运动竞赛的策划与组织、高校足球运动课程教学现状及改革、高校足球运动学练效果的科学评价。全文内容涉及"教、训、赛、改"多个维度,以期能够为我国高校足球运动的教学与发展献出一份力量。

本书既注重理论教学与实践训练相结合,又具备较强的实用性。图文并茂,可促进学生对足球运动的理解,也有利于学生参与实践。最后,诚挚地感谢在本书的写作过程中给予帮助的广大亲友!由于水平和精力所限,书中难免有疏漏之处,敬请广大读者予以批评指正。

目 录

第一章 高校足球教学的基本理论

第一节 高校足球教学的基本方法

一、学习教学法

学习教学法是指依据教学目的、教学任务以及初始测量的结果,将学习内容分解成不同的目标分类体系,然后据此目标分类体系制定出相应的评价的方法。在高校足球教学过程中,要想使学生对足球技能的理解和掌握有更加深刻的认识,达到最终实现足球教学目标的目的,就要分别对教学状态进行评价并将最后的评价结果反馈给学生。学习教学法的整体模式如图 1-1 所示。

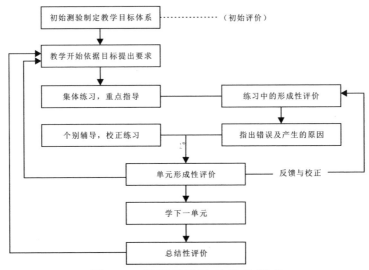

图 1-1 学习教学法的整体模式

二、发现教学法

发现教学法是指教师利用指导语的方式对教学内容进行改造,向学生提供大量观察和分析的直观感知材料,使之符合学生学习实际的教学方法。教师在高校足球教学实践中应按照一定的步骤进行,适当让学生在课前预习时就根据他们所看所练的内容提出一些问题,带着问题来上课,在课上教师再针对这些问题做专门的讲解。这样的方式更加有利于学生的思考和获得答案后记忆的深刻性。发现教学法的整体教学模式如图 1-2 所示。

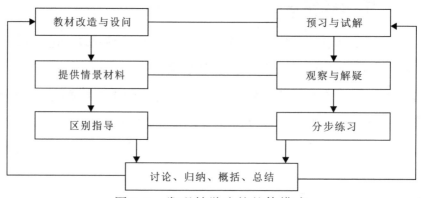

图 1-2　发现教学法的整体模式

三、讲解示范法

讲解示范法是指教师在教学中采用简明、准确的语言分析技术动作要点、战术方法等,使学生通过视听觉器官感知足球教学的教学方法。教师在讲解过程中要突出重点、分清主次、把握好难易程度。

教师在教学过程中可以运用挂图、投影、幻灯片以及录像等多种手段,示范足球技术动作、战术配合方法,使学生通过观看感知教学内容。在高校足球教学实践中,教师要把握好示范时机和示范面,要求动作不能随意,比如要保证示范动作的准确无误,否则容易给学生带来一些困惑和误导。

四、多样练习法

高校足球教学中的练习法应在讲解与示范的基础上进行。根据不同的划分标准，练习法具体划分如下：按形式分，练习法可分为完整练习、分解练习、简单条件下和复杂条件下的练习；按运动特点分，练习法可分为个人技术练习、配合性练习和对抗性练习等。在高校足球教学实践中，注意练习法运用的实效性，合理安排运动负荷，避免运动损伤的发生。

五、纠错法

纠错法是教师对学生在练习中出现错误动作时，及时给予纠正的教学方法。在高校足球教学实践中，学生在练习过程中一定会出现很多动作不到位或错误动作，这时候就要求教师要及时先找出错误，再按错误产生的原因对学生专门讲解，具体可采用诱导法和条件限制法组织教学。

六、程序教学法

程序教学法是指依据认知和技能形成的基本规律，将足球技术、战术教学内容分解成为若干个相互联系、便于学习的"小步子"，同时建立起相应的评价信息反馈系统的教学方法。在高校足球教学实践中，学生首先依据"小步子"进行学习，然后评价学习情况，最后依据评价的结果反馈学习效果，教师针对反馈信息有的放矢地组织教学。

七、案例教学法

在教学中选择足球比赛中比较典型的案例作为教材内容是十分有效的教学方法之一。在教学过程中教师应多多运用多媒体技术手段教学，选择的教学案例要能较好地反映教学内容，并且具有典型的理论与实践意义。例如通过多媒体设备给学生播放足球视频、录像，截取有用的案例进行分析，能使学生更好地理解和巩固足球的基本概念，归纳出基本的知识要素和要求，最后达到掌握足球理论与技战术的目的。这种教学法多用于足球的战术、裁判执法等方面内容的教学。

八、合作学习法

合作学习法是指在教学过程中对学生进行分组,以小组的形式完成学习任务的教学方法。在高校足球教学实践中,可以根据学生的意愿将学生分成若干小组,让学生以小组为单位进行足球技术动作和战术配合的练习。在教学过程中要多运用小组练习、小组竞赛、小组评价等方法组织教学。在注意学生分组搭配的同时,还要发挥每个小组中技术掌握较好的学生的带头作用,带动团队成员共同进步,使学习成为学生之间的合作活动,使学生在愉快的信息环境以及和谐的人际关系中完成学习任务。

第二节 高校足球教学的基本原则

一、足球教学原则的含义

教学原则是教学理论中的重要问题,是各项工作必须遵循的基本要求。教学原则是根据一定的教育目的,反映教学过程的客观规律,是广大教师在长期教学实践中积累起来的经验概括和总结。足球教学原则反映了足球教学的一般规律,反映了足球运动教学的特点,是人们从长期的足球教学实践中总结出来的。它既指导教师的教学活动,也指导学生的学习活动。这些原则贯穿足球教学活动的始终。

二、足球教学的基本原则

(一)循序渐进原则

循序渐进原则是指教学要按照学科的逻辑系统和学生的认知规律进行,由简单到复杂、由低级到高级、由单一向综合发展,使学生循序渐进地掌握基本知识、基本技战术和基本技能,形成严密的逻辑思维体系。

从认识论的角度看,学习体育专业是一个特殊的认识过程。在这个过程中,学生的智力、能力和全面素质不断得到发展,这是一个渐进的过程,教学中必须遵循教育的规律、人体运动机能变化的规律、运动技能形成的规律和人体运动适应性的规律。因此,在安排教学内容、选择教学方法、确定运动负荷时,必须考虑学生的身心发展水平,教学进度由浅入深,运动负荷由小到大,要大、中、小相结合。

足球教学中贯彻循序渐进原则,要注意教学内容的系统性。根据教学大纲的要求,安排好教学进度和课时计划,使教学进度符合足球运动教学的规律,使课时计划既系统又综合,由易到难、由简到繁、从无对抗到有对抗,运动量逐渐增加。例如,控球是足球运动的技术基础。在安排基本技术教学时,要先让学习者熟悉球性,然后再学习具体的动作。只有全面地掌握了基本技术,才能学习战术基础配合和全队战术。

足球教学中贯彻循序渐进原则,要注意教学方法的系统性,根据动作技能形成的规律,从认知定向阶段(泛化阶段)、巩固提高阶段(分化阶段)到熟练阶段(自动化阶段),都要依据动作技能形成的阶段性特点来组织教学。如在技术的初学阶段,要通过讲解、示范和试做,使学生建立动作概念、视觉表象和初步的运动感觉,通过不断练习把正确的技术动作巩固下来,然后加大练习难度,最终达到动作熟练并能在实战中运用。因此,教学中必须注意教学的阶段性特点,并针对不同阶段采取不同的教学方法。

足球教学中贯彻循序渐进原则,还要注意合理安排适宜的运动负荷。适宜的运动负荷是指体育教学要有合理恰当的生理和心理负荷。人体生长发育、生长成熟的每个阶段,生理机能都有相对的负荷极限。体育锻炼时的生理与心理负荷应控制在极限范围之内。锻炼效果在一定程度上取决于运动刺激强度、持续时间和频率。弱的刺激,不能引起机能和心理状态的变化,甚至不能发展体能;然而,过强的刺激,则不但无益于健康,反而可能造成伤害。只有适宜的运动强度、持续时间、频率,才能达到能量消耗和恢复过程的超量补偿,从而更好地发展体能,增进健康。因此,在足球教学中,还应根据学生的身体状况、教学内容、场地、气候等综合因素来合理安排运动负荷。

(二)学生主体性原则

高校足球教学的主体性原则是指在体育教学过程中,教师的一切教学活动应根据学生的需要和特点合理安排,学生应在教师的指导下积极参与教学活动,充分发挥学生主体的自主性和创造性。高校足球教学中遵循主体性原则应注意以下四点。

1.教师的主导作用

在高校足球教学中,教师要以提高学生的运动能力和思维能力为核心。足球运动对人的动作操作思维、战术思维和快速反应能力的要求都很高,因此,教师应该竭尽所能地运用多种教学方法,充分引导学生积极思维,从而最大限度地挖掘学生的运动潜力。

2.学生的主体地位

高校足球教学是一种教、学互相反馈的双边信息传递活动,这就使得教师在教学过程中不应一味地讲授,在教的同时还要注意体现学生的主体精神,尊重学生的主体地位,充分引导学生积极思考、勇于探索、刻苦训练的行为,发挥学生的主动性、创造性,使其自觉掌握足球理论和技战术方法,提高自主观察问题,分析问题和解决问题的能力。

3.明确学习目的

学习效果与学习动机是紧密相连的。如果学生的学习目的不明确,学习动机不正确,就不可能去自觉、积极地学习,也不可能把这种自觉积极的学习状态长期保持下去。因此,明确学习目的是调动学生学习主动性的关键。

4.培养对足球的兴趣

兴趣是形成学习动机的重要因素,它可能是暂时的,也可能转化为长期的主动学习动机。教师在教学过程中要采取丰富多彩的教学方法,培养学生对足球的兴趣,这样学生学习足球的积极性才能提高。

(三)实效性原则

在足球教学中贯彻实效性原则,就是要从实际出发,根据学生的实际情况,紧紧抓住教学中的主要矛盾和矛盾的主要方面,解决教学中的重点和难点问题;提高教学的艺术性,教法要简单易行,讲求实际效果,在有限的教学时间内,达到既能使学生掌握知识技能,又能增强体质和提高能力的效果。

在足球教学中贯彻实效性原则,就是要不断研究改进教学方法。在进行足球的技战术教学中,要精讲多练。"精讲"是在深入分析教材和学生实际的基础上实现的,"多练"就是要设计符合足球运动特点和学生实际水平的练习方法,给学生更多的实践机会。

在足球教学中贯彻实效性原则,就是要用唯物辩证法指导教学工作。一切从实际出发,准确、深入地分析技战术内涵,把握事物的本质,抓住关键,解决好难点和重点问题,带动一般性问题的解决。在足球教学过程中,要经常调查研究,善于提出新问题,解决新问题,为适应学生的实际情况而及时改变教学方法和练习形式也是贯彻实效性原则的重要体现。

(四)发展体能和运动技术教育相统一的原则

这一原则的内涵是遵循足球教学过程中教育、教养、发展相统一的规律,在足球教学中正确处理好学习运动技术同发展学生体能、提高学生健康水平的辩证统一关系。增进学生健康水平是足球教学的主要目标,也是足球教学的出发点和归宿,但为了更好地增进健康,就必须学习和掌握足球运动的技术战术技巧。只有处理好二者的关系,使二者相互促进,才能真正实现足球教学的目的。

(五)直观性原则

直观性原则是指在足球教学中利用学生的感官和已有经验,通过视觉、听觉和肌肉本体感觉,获得对足球技战术的生动表象和感觉,并使之与积极的思维相结合,从而掌握足球技战术和技能,发展思维能力。

直观性原则是根据学生对事物认识的一般规律提出来的。感觉是认识的基础。在足球教学中正确运用直观性原则,对于提高教学效果有重要的意义。足球教学中经常使用的直观教学方式有动作示范、沙盘演示、电影、录像、技战术图片等。

在足球教学中贯彻直观性原则,第一,要有明确的目的和要求。教师要根据教学的任务和教材的特点以及学生的情况,有目的地使用直观教学方法。如对低年级学生进行技术教学时,宜多使用动作示范、技术图片等,可以把学生的动作录像重放,与正确技术进行比较,以纠正学生的错误动作;对高年级学生进行战术教学时,宜用沙盘演示,或用生动形象的语言进行讲解。第二,还要充分利用学生的视觉、听觉和肌肉本体感觉,通过示范、电影、录像、图片等,使学生产生明晰的技战术表象,激发学生的学习积极性。第三,教学中要善于启发学生的思维,学生正确表象的形成离不开积极的思维活动,因此,在教学实践中要不断启发学生的思维,并与技战术练习活动紧密结合起来,提高教学质量和教学效果。

(六)对抗性原则

足球运动是一项攻守对抗十分激烈的项目。在足球运动中,进攻与防守的对抗贯穿始终,攻守对抗和攻守转化构成了足球运动的核心。正是由于攻守的直接对抗才演化出一幅幅惊心动魄的竞争场面,才推动足球运动向着快速、激烈的方向发展。没有攻守的直接对抗和相互制约,也就没有足球运动。因此,在足球教学中贯彻对抗性原则是由足球运动本身的特点决定的。

在足球教学中贯彻对抗性原则,就要深入研究攻守对抗和转化的规律。由于足球的进攻和防守是一对辩证统一的矛盾集合体,二者相互制约。没有进攻也就无所谓防守,没有防守也就无所谓进攻,因此教师在教学过程中应恰当处理进攻和防守部分的教学内容之间的关系,在设计教学方法时要尽可能使练习方法综合化。真正实用的技术是在攻守对抗中掌握的技术。有意识地提高攻守对抗强度,是提高足球教学质量的重要方面。

(七)综合性原则

在足球教学中贯彻综合性原则,是由足球运动的特点和规律决定的。足球运动具有技能的全面性、项目的集体性、战术的多变性对手的对抗性等特点,这也要求我们做到:首先,要把学生的足球意识和技战术教学培养相结合,把技战术训练和学生的作风培养结合起来,全面提高学生的身体素质、心理素质、智力水平、道德品质、技术水平和战术水平;其次,要选择简单实用、多样化的教学方法和组织形式,以提高学生的学习兴趣,使学生掌握更多的练习手段和方法;再次,要注意新旧教材的搭配组合。教学内容的选择上,要注重将足球的单项技术、组合技术与综合技术相结合,并且提高学生在实战中综合运用所学技术的能力;最后,在教学方法上要充分利用现代教学手段和技术,通过图表、数据、照片、视频、电影等多媒体辅助教学,使学生能够形象、直观地掌握足球技术动作和方法,提高学生的技战术水平和运动能力。

总之,在足球教学中只有严格遵守以上原则,才能取得较好的教学效果。值得注意的是,以上教学原则是相互联系的有机整体,在实际的教学运用中,要综合考虑,灵活运用。

第二章 高校足球基本技术教学

第一节 高校足球基本技术概述

一、足球技术的概念与分类

足球技术是在足球比赛实践中逐步形成、发展和完善起来的,它是运动员在足球比赛中所采用的合理动作的总称。以球员在场上的位置和分工情况为主要依据,通常可以将足球技术分为两大类,即锋卫队员技术和守门员技术。但是,不论是锋卫队员还是守门员,他们在比赛中都需要完成结合球的技术动作,另外,还要完成许多无球技术动作。所以,通常将足球技术分为有球技术和无球技术(图 3—1)。

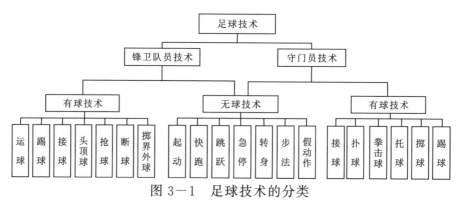

图 3—1 足球技术的分类

二、足球运动技术原理

足球运动技术种类多,动作结构复杂,完成难度大,但是足球技术需全部或部分服从以下科学原理。

（一）生物学原理

1. 生理学

目前，一般认为运动技术形成的生理机制是运动条件反射暂时性神经联系，也是以大脑皮质运动为基础的[①]。因此，学习、掌握和运用运动技术的生理学本质就是建立运动条件反射。足球运动技术特别是运动员对技术的应用能力更是建立在熟练的运动条件反射的基础上。

2. 生物力学

运动生物力学认为，运动技术的生物力学原理就是基本要素合理适宜匹配的结果，即身体姿势、关节角度；身体及肢体的位移、运动时间、速度及加速度；增大动力的利用率及减少阻力的技巧。足球运动技术全部或部分是以这些运动生物力学原理为基础的。

（二）心理学原理

运动技术的心理学机制，目前已经受到人们广泛关注。如运动技术学习与形成所需要的心理能力，认知心理的形成与发展，表象的形成与运用都对学习和掌握运动技术有着重要的影响。

（三）社会学原理

运动技术服从的社会学原理主要是美学原理。"运动美"从某种意义上讲，就是技术美、动作美，如运球技术表现出的动作幅度小，但协调放松的姿态就是一种技术美。

三、足球技术动作要素与技术结构

（一）动作要素

动作要素包括身体姿势、动作轨迹、动作速度、动作力量和动作频率等。

1. 身体姿势

指在动作过程中，身体或身体各部分所处的状态及在空间所处的位置关系。可分为开始姿势、动作进行过程中的姿势和结束姿势，如足球运

[①]　叶应满，王洪，韩学民. 现代运动训练的理论分析与科学方法研究［M］. 成都：电子科技大学出版社，2017:171.

动员踢球技术过程的身体姿势等。

2. 动作轨迹

指在做动作时,身体或身体某部分所移动的路线。包括轨迹形状(直线、曲线、弧线等)、轨迹方向(前后、左右、上下六个基本方向及各种旋转与环绕等)和轨迹幅度(长度、角度),如运动员鱼跃头顶球射门动作轨迹。

3. 动作速度

指在单位时间内身体或身体某部分移动的距离。包括平均速度、瞬时速度、初速度等,如足球运动员的起动速度与奔跑速度。

4. 动作力量

指在完成动作时,身体或身体某部分克服阻力所用力的大小,是人体内力和外力相互作用的结果,如射门力量的大小。

5. 动作频率

指在单位时间内同一动作的重复次数,如运动员运球时的动作频率。

(二)技术结构

技术结构包括动作基本结构和技术组合两层含义。

1. 动作基本结构

动作基本结构由动作基本环节和环节之间的顺序构成,也可称为技术的微观结构。每一项足球技术的基本结构都包括若干个基本环节,这些基本环节是按特定的、一般不能予以改变的顺序形成的。因而,动作基本结构可称为"技术链",而动作基本环节则可视作技术链上的各个点,顺序则成为连接各个点的连线。

2. 技术组合

技术组合由若干独立的技术动作连接组成的集合。如运球—传球,接球—运球—射门等技术组合。

四、现代足球技术特征

(一)与目的有机结合

不管运用什么样的技术,都是在一定目的的指导下进行的。因此,初学者与低水平的运动员在足球技术的运用上往往存在着一定的盲目性。

而随着水平的逐步提高,目的性逐渐会替代盲目性。因此,从某种意义上来说,这是技术水平与比赛技巧的提高过程,实际上也是目的性逐渐替代盲目性的过程。

足球比赛的根本目的在于控球并获胜。究其原因,主要是在足球比赛中,不让对方将球攻入自己的球门,并且千方百计地设法将球攻入对方球门是其主要目标所在。而这一目标的实现,需要具备一个重要的前提条件,就是必须牢牢地掌握控球权,并且有针对性地运用各项技术。

(二)与速度的有机结合

当前,足球运动的发展趋势主要为高速度、强对抗,赛场上给予运动员完成各项技战术动作的时间和空间越来越短、越来越小。因此,速度就成为真正适应激烈争夺中的快速攻守的重要因素。尤其是在快速中运用技术的能力、完成技术动作的速度以及技术动作之间的衔接速度。

(三)与意识的有机结合

足球技术有无球和有球之分,但是这两种形式的技术都是有意识的反映,因为只有赋予意识的技术,才有活力和威力。因此,将技术与意识有机结合起来是一项高难度的工程,这就要求运动员在具备坚实的技术基础和娴熟的运用能力的基础上,还要精通足球比赛的规律及各种战术打法的要求,熟悉同伴与对手的球路和习惯,并能在瞬息万变的复杂形势中迅速做出抉择和行动。

(四)与位置的有机结合

当前,足球技术的一个重要发展方向就是全面、快速、娴熟、简练、强对抗。具体来说,就是要求每名队员都身负攻守双重任务,同时,还必须掌握攻守的技术,因为只有这样才能让战术的变化和比赛的要求相适应。近几十年来,全面型的整体和全面型的个人都在不断发展和提高。但是场上仍有位置分工,不同位置所具有的特点也是有所不同的。因此,这就要求运动员在掌握全面技术的基础上,以个人的特长和位置的需要为依据,有针对性地发展专长技术。

(五)与即兴的有机结合

足球比赛经常出现一些令人难以预测的变化与结果,从实际意义上来说,这与比赛中运动员各项技战术水平发挥的程度有着密切联系。随着足球运动的发展,运动员的即兴发挥将会得到更加广泛的应用,运动水平也会越来越高。具体来说,这就要求运动员必须具有全面而娴熟的技术、突出的意识、敢于冒险的精神、机敏冷静的头脑和迅速的应变能力,而且这些都要在一瞬间爆发出来。

五、现代足球基本技术的发展方向

(一)向更实用的方向发展

相对于历史意义中的足球基本技术而言,它会向着更具有实用性的方向发展。也就是说,足球基本技术会将一些好看但不实用的动作抛弃,而保留和重新建立一些具有实用价值的基本技术。

(二)向更精益的方向发展

这个问题主要表现在个人对于足球基本技术的运用方式与形态上。就一种趋向来说,足球基本技术由于受到进攻技战术与防守技战术的相互促进作用,以及人们对于足球比赛的需求,还会继续朝着更精益的方向发展。

(三)向更快、更熟练的方向发展

由于现代足球的战术与打法的节奏越来越快,所以,足球基本技术的发展也必然朝着这个方向不断深化。其实,这是一个对于人体神经与肌肉的更高难度的要求。解决这一问题的主要方法,要从两个方面入手:第一,是要让踢球的人尽早接受专业化训练;第二,是要在不间断的训练中努力提高神经与肌肉的协调能力。只有这样,人们在对于球的控制方面,才可能产生出更快速与更熟练的能力。

第二节　高校足球运动技术教学

一、无球技术

足球运动员在比赛中的无球跑动占全场比赛的绝大多数时间,无球跑动中所涉及的动作运用,可大致归为跑、跳、停、起动、晃动和转身。

无球技术对比赛极为重要,尤其是无球技术的质量对运动员的技巧水平提高具有相当重要的作用。

(一)跑

足球比赛中的跑动,要求运动员必须能随时起步、奔跑、急停或减速,并通过扭动或转身来及时改变运动方向。从这点讲,田径式的冲刺跑在足球比赛中很少运用。足球比赛中偶尔也有较长距离的全速冲刺,这时,正确的跑姿是一项优势,教练员应设法帮助运动员提高这一能力。足球跑与田径跑的主要不同点在于:其一,田径跑的腾空时间长,而足球跑的腾空时间短,因为足球跑需要随时变向或变速,必须降低重心并使脚接近地面;其二,足球跑的双臂摆动应比正常冲刺跑幅度小,这样有助于维持身体平衡和更灵敏地调整步法。

(二)停

足球跑要根据场上情况能随时急停。为了急停的时刻保持稳定和平衡,必须迅速降低身体重心。稳定与平衡也是所有技术成功运用的基础。急停也可结合球技练习,例如:跑——急停——踢球,或是跑——急停——控球。重心、稳定和平衡受腿部、臀部肌力和身材的影响,肌力大和身体小的运动员在这方面能力强。

1.急停技术的要求

(1)减速时缩短步幅。

(2)身体稍微后倾。

(3)通过屈膝来获得"坐姿"。

(4)脚跟在体前用力蹬地。

(5)保持头部稳定。

(6)腿适当分开。

2.要急停跳起时的要求

(1)低重心和脚适当分开。

(2)身体向上和头部稳定。

(3)屈膝以获得"坐姿"。

(三)起动

最费力和低效的起动姿势是静态直立,足球场上必须避免这一姿势。在静态起动不可避免的状态下,运动员应使脚的站位便于向任何方向蹬出。要屈膝且上体适当前倾,头部保持稳定,身体重量应置于一脚的前部,两脚分开以保持平衡,两臂降低且在肘部成90°弯曲。活动中起动比站立或静态姿势下容易得多,在可能的情况下,队员应尽量保持慢跑、走和滑步状态。无论怎样,一旦做出起动的决定,就必须行动。这时需要注意如下4个方面:

(1)头和肩迅速领先伸出。

(2)蹬地并跟随短小步幅。

(3)前几步保持低重心。

(4)用力摆动两臂。

(四)转身

变向或转身能力与队员的动作速度密切相关,同时,也取决于队员的脚部位置。转身动作除了需参考急停和起动的一些动作要求之外,还需注意下面4个方面:

(1)用力蹬伸转动方向的远侧腿。

(2)脚尖指向转动方向。

(3)两臂用力摆动以推动身体转向。

(4)队员应避免在改变跑动方向时交叉腿转身。

(五)晃动

晃动是指侧倾和以身体垂直轴为中心的扭转。多数晃动动作用以诱骗对手的重心向一侧移动从而失去平衡为目标,在运动员突破对手时经常可以看到这些动作。在无球状态下摆脱对手紧盯时,队员也应像有球一样,以肩、腿、髋和臂的虚晃来达到目的。晃动效果在很大程度上取决于急停、起动和转身练习所发展的脚下功夫。低重心和合理的脚部支撑站位,对保持虚晃时身体的稳定性非常有利。稳定性是保证上体最大幅度完成虚晃动作的基础。若稳定性差,假动作的逼真性和多样性都会受到限制。无论是在活动中还是在静止状态下,做假动作时应使身体重心

向某一侧移动。防守者应充分掌握假动作,在抢截时进行虚晃与扰乱进攻队员的意图是非常有效的。队员应用晃动时注意以下三点:

(1)利用身体各部位实施虚晃动作。

(2)两臂在身体两侧张开。

(3)抬头并注视对手。

(六)跳

跳的形式主要有两种:双足跳和单足跳。单足比双足跳得高,两种跳法的高度都需要正确的技术和腿部爆发力,这两种跳法可看作"跳高"。在多数跳跃动作中,队员需在快速跑动中越过障碍物,比赛中的障碍主要是队员身体的某一部分。

二、颠球技术

颠球是指运动员用身体的各个有效部位连续地触击球,并加以控制尽量使球不落地的技术动作。颠球是运动员熟悉球性的一种练习手段,以增强对球的弹性、质量、旋转及触球部位、击球时用力轻重的感觉。

(一)颠球技术分类

1.挑球

即将地面静止的球挑起到空中进行颠球练习的第一步。对初学者来说,这是进行颠球练习入门的第一步。其方法是将支撑脚踏在球的侧后方25~30厘米处,膝关节微屈,牢固支撑身体重心,挑球脚的前掌轻轻放在接近球顶部位,屈小腿(大腿伸)将球轻轻拉向身体,当球被拉动后,前脚掌迅速地向往回滚动的球下伸去,在球滚至趾背的同时,脚趾伸(脚尖翘)、小腿微伸、大腿屈,并向前上方轻轻用力将球挑起。

2.双脚脚背颠球

脚向前上方摆动,用脚背击球,击球时踝关节固定,击球的下部。两脚可交替击球,也可一只脚支撑,另一只脚连续击球。击球时用力均匀,使球始终控制在身体周围。

3.双脚内侧、外侧颠球

抬腿屈膝,用脚的内侧或外侧向上摆动,击球的下部,两脚内侧或外侧交替击球。

4.大腿颠球

抬腿屈膝,用大腿的中前部位向上击球的下部,两腿可交替击球,也可一只脚作支撑,用另一侧的大腿连续击球。

5.头部颠球

两脚开立,膝盖微屈,用前额部位连续顶球的下部。顶球时,两眼注视球,两臂自然张开,以维持身体平衡。

(二)颠球时易犯的错误

(1)脚击球时踝关节松弛,造成用力不稳定。

(2)击球时脚尖向下或向上勾,造成球受力后向前或向后触碰身体,使球难以控制。

(3)颠球时身体其他部位不够放松,以至于动作僵硬。

(4)头部颠球时腿部、躯干、颈部配合用力不协调,仅靠颈部。

(三)颠球技术练习

(1)一人一球颠球:体会触球的时间、触球的部位、触球的力量和整个动作的协调配合。

(2)两人一球颠球:用脚背、大腿、头部以及身体各部位触球,掌握好触球的力量,尽量不让球落地。每人可触球一次颠给对方,也可触球多次互颠。

三、踢球技术

(一)踢球技术分类

1.脚内侧踢球

它是用脚内侧部位如趾关节、踝骨、跟骨内侧等所形成的平面击球的一种方法。其特点是脚与球的接触面大,踢球腿摆幅较小,击出球准确平稳且易于掌握。但由于踢球时要求大腿前摆到一定程度,需外展提膝,故大腿与小腿的摆动都受到限制而使击球的力量相对较小。脚内侧踢球在足球比赛中是使用最多的一种方法,多用于中近距离的传球。

(1)脚内侧踢定位球

直线助跑,支撑前最后一步助跑应大,支撑脚踏在球侧面 12～14 厘米处,脚尖正对出球方向,支撑腿膝关节微屈,支撑脚落地时大腿要带动小腿由后向前摆,此时踢球腿屈膝外展,使踢球脚与支撑脚成垂直状,脚尖微上翘,脚底与地面平行,踝关节做功能性紧张固定脚型。当膝关节提至接近球的正上方时,小腿做加速前摆。用脚侧部位击球的后中部的同时,髋关节向前送出(平移),身体也随之前移。

在做以上动作时,重点应注意支撑脚脚尖要正对出球方向,触球瞬间踢球摆动方向应与出球方向相同,且脚内侧部位正对出球方向(踢球脚与支撑脚成垂直),踢球时应注意小腿不可上撩,身体亦不可后仰。

(2)脚内侧踢空中球(低于胸部的高度)

根据来球的运行轨迹、速度,及时移动到合适的踢球位置,踢球腿大腿上抬(屈)并外展,小腿屈起并绕额状轴后摆,接着由后向前摆动,当摆至额状面时击球的后中部(被击出之球为平直球)。击球时应控制小腿的摆动,不要使小腿有上撩的动作,以击球的不同部位来控制出球的方向。

2.脚背正面踢球

它是指用第一跖骨体的内侧和第二、三、四跖骨体的上面所形成的面(位于脚面)去击球的一种方法。由于脚背正面踢球时腿的摆幅较大,可以达到较大的摆速,加之与球的接触面较大,因而踢球力量大,其出球的方向及性质变化较小,故准确性较强。在比赛中经常使用脚背正面踢定位球、地滚球、空中球、反弹球及倒勾球等。踢出球的性质多为不旋转的直线球,但也可以用来踢抽击性的前旋球。

(1)脚背正面踢定位球

直线助跑,最后一步稍大,支撑脚滚动式地支撑,踏在球侧面 10～12 厘米处,脚尖正对出球方向,膝关节微屈,在支撑的同时踢球腿小腿由后向前摆动,小腿微屈。然后踢球腿以髋关节为轴,大腿带动小腿由后向前摆动。当膝关节摆至接近球的正上方时,小腿做爆发式的加速前摆,以脚背正面部位击球的后中部,身体及踢球腿也随球前移。

（2）脚背正面踢反弹球

根据来球的速度、路线、落点及时移动到位，支撑脚踏在球落点的侧面。当球快落地时，踢球腿做爆发式的前摆。当球落地刚刚弹离地面的瞬间，用脚背正面部位击球的后中部。此时应控制小腿的上撩（送髋、膝关节平移），以防止出球过高。

3. 脚背内侧踢球

是使用第一跖趾关节及跖骨体去触（击）球的一种踢球方法。这种踢球的摆幅可以很大，故多用于中远距离的传球或射门。

（1）脚背内侧踢定位球

斜线助跑，其方向与出球方向约成45°角，最后一步稍大，以支撑脚底外沿成滚动式积极着地，脚尖指向出球方向，并在球的内侧后方约20～25厘米外。膝关节微曲，在支撑脚落地的同时，踢球脚以大腿带动小腿由后向前摆动。当大腿摆至与支撑较接近同一平面时，小腿做爆发式摆动，踢球时脚尖外转，脚背绷直，以脚背内侧部位触及球的后部（以出球方向为准），踢球脚与身体继续随球前移。

（2）脚背内侧踢各种方向来的地滚球

根据来球的速度、运行轨迹，选好击球时的位置并及时移动到位。在选择支撑点时，应考虑到来球的情况和摆腿的速度，球与脚的相对位置仍能保持规格要求。

（3）脚背内侧踢反弹球

根据来球的落点及时移动到位，在球离地（反弹）的瞬间踢球，其他的动作要求与踢定位球相同。

4. 脚背外侧踢球

用第三、第四、第五跖骨体触（击）球的一种踢球方法。

脚背外侧踢定位球时，直线助跑，支撑前最后一步稍大，支撑脚踏在球的侧面10～12厘米处，踢球腿在支撑前已基本完成后摆（大腿伸小腿屈），在支撑脚着地的同时，踢球腿大腿带动小腿由后向前摆动。当膝关节摆至接近球正上方时，小腿做爆发式前摆（大腿的摆动继续）。此时要求踢球脚脚尖内转,脚腕内翻,脚背跖屈(绷直)并提踵,脚趾用力屈曲,使脚背外侧部位击球的后中部(出球为低平球)。若需踢成弧线球时,发力的作用线不通过球的重心,并视其所需的弧线大小决定其接触部位、摆动方向,但脚形应有利于增加旋转及加大接触面,增大摩擦力和加大旋转力矩。

脚背外侧踢地滚球、反弹球、半高球、倒勾球、凌空倒勾球等方法与脚背正面踢球基本相同。在倒勾球及凌空倒勾球中,出球方向不是正后方而是侧后方。

(二)踢球技术练习

1.脚内侧踢球练习

(1)原地做无球踢球的模仿练习,主要体会摆动腿以髋关节为轴,大腿带动小腿的摆动方法。

(2)做向前跨一步的踢球模仿练习,体会支撑脚的站位和摆动腿的配合。

(3)助跑3～5步的踢球模仿练习,主要体会支撑脚的站位和摆动腿的摆动以及协调、连贯的运用。

(4)学生两人一球,一人用脚底踩球,另一人做原地或上一步的踢球练习。要求踢球力量不要过猛,主要体会支撑脚的选位和摆动腿的摆动动作。

(5)对着足球墙做踢球练习。开始距离5米左右,用力不要太大,待动作熟练后逐渐加长距离,主要体会踢定位球的动作要领。

(6)两人相距5～8米传球,要求力量不要过大,方向踢准。

(7)两队面对站立,一组排头队员踢地滚球至对面。另一队排头迎面用脚接球后再踢回,踢球后跑到对面组排尾。迎面第二人接球后再踢球给对面第二人。循环往复练习。

(8)面对足球墙,相距10米,在墙上靠近地面画一米宽、半米高的球门,要求将球踢进球门内,每人踢10个球,看谁踢进的次数最多。

2.脚背正面踢球练习

(1)原地模仿练习,要求绷紧脚面,脚趾扣紧,体会摆腿及脚形的正确技术。

(2)上一步模仿练习,体会支撑脚站位与摆腿的配合技术。

(3)助跑3~5步对墙踢球练习,体会脚背正面踢球的完整技术。

(4)在足球墙距地面高一米处画直径1.5米的圆,学生距墙10米向圆圈内踢球。每人只有一次机会,但踢进圆圈的可以连踢,看谁累计数量多。

(5)在场地上画若干直径为2米的圆,学生站在距圆20米处踢高球,使其落点在圆内,看谁踢得准。

(6)两人相距25米,面对站立,将球用脚正面踢给对面接应的队员,对面接到球后再将球踢回。

3.脚背外侧踢球练习

(1)原地和上一步踢球模仿练习,主要体会支撑脚的位置,身体向支撑脚一侧倾斜。

(2)助跑踢球的模仿练习,主要体会助跑方向和弧形摆腿的路线、方向及两腿的配合。

(3)两人相距10米,互相踢球练习。

(4)距足球墙6~8米,在墙上一米高处画圆,要求将球踢进圆内。

(5)距球门15~20米踢定位球练习,要求踢球力量大,方向准确。

(6)在罚球弧附近分组进行射门练习,看哪组进球总数量多。

4.脚背外侧踢球练习

(1)原地模仿练习,踢球时脚面绷直,足尖内转,体会摆腿踢球的正确技术。

(2)上一步模仿练习,体会支撑脚站位与摆腿踢球的配合技术。

(3)原地反复轻踢实心球练习,体会脚触球的部位。

(4)两人一球,面对面进行踢球练习。开始可缩短距离,动作熟练后可适当加长距离,主要体会摆腿方向、击球点和摆腿的力量。

(5)踢弧线球射门。在正对罚球弧靠近球门处插两根相距 3 米的标杆,使射出的球绕过标杆进入球门。

四、接球技术

接球是指运动员有目的地用身体的合理部位把运行中的球接下来,控制在所需要的范围内,以便更好地衔接下一个技术动作。接球是为下一个动作服务的,接球质量的好坏直接影响下一个动作能否顺利完成。比赛中来球性质、状态不同,所以接球应根据不同情况,采用不同的动作方法。

(一)接球技术动作结构分析

无论采用哪一种接球方法,动作结构都是由四个环节组成的。

(1)观察和移动:为了更好地完成接球动作,事先要注意观察来球的情况,从球的运行路线、球的旋转与速度等情况中,迅速判断球的落点,及时移动,使自己能处于接球动作时所需要的最佳位置。

(2)选择接球的部位和接球方法:接球的不同部位和采用不同的方法,各有其不同的作用,因此,必须根据现场情况及下一步动作的需要,恰当地选择接球的部位与接球方法。

(3)改变来球的力量:根据来球力量的大小和接球实际的需要,分别采取加力或减力(缓冲)的方法。根据来球力量的方向和接球的实际需要,还可按照反射定律调整入射角,获取理想的反射角。

(4)随球移动:接球动作一做完立即随球移动,紧密衔接下一个动作,在接球与处理球的动作之间不能有停顿。

(二)接球技术分类

接球的方法有多种,常用的有脚内侧、脚背正面、大腿、胸部等部位的接球。

1. 脚内侧接球

这是用脚内侧部位接球的一种技术。由于脚触球面积大,动作简单,较易掌握,比赛中经常使用这种技术接球。脚内侧接地滚球,支撑脚脚尖正对来球,膝关节微屈,同侧肩正对来球,接球腿提膝大腿外展,脚尖微翘,脚底基本与地面平行,脚内侧正对来球并前迎,当脚内侧与球接触的一刹那迅速后撤,把球接在脚下。若需将球接在侧面时,支撑脚脚尖应向同侧斜指,脚内侧与来球方向成一定角度触球,同时支撑脚提踵,并以前脚掌为轴做适当转动,身体移动。当来球力量不大时,只需将脚提到一定的高度,并使脚内侧与地面形成锐角轻触球。也可在触球时用下切动作使球前进之力部分转变为旋转力,而将球接在脚下。

2. 脚背正面接球

这种方法多用于接有较大抛物线的球。根据球的落点,及时移动到位,脚背正面上迎下落的球,当球与脚面接触的一瞬间,接球脚与球下落的速度同步下撤,此时大腿膝关节、踝关节、脚趾均保持适度的紧张,脚尖微翘将球接到需要的地方。

脚背正面接高空落下的球时,也可以将脚微抬起,并适度背屈,当球接触脚背的瞬间,踝关节放松,将球接到身体附近。

3. 大腿接球

大腿接球一般可以用来接抛物线较大的高空球和略高于膝的低平球。

大腿接抛物线较大的下落球,面对来球方向,根据球的落点迅速移动到位,接球腿大腿抬起,当球与大腿接触的瞬间大腿下撤,将球接到需要的位置上。

大腿接低平球,面对来球方向,根据来球高度,接球腿大腿微屈,送髋关节迎来球,当球与大腿接触的瞬间收撤大腿,使球落在所需要的位置上。

4. 胸部接球

由于胸部接球部位较高,加之胸部面积大、肌肉较发达等特点,易于接球,故是接高球的一种好方法。胸部接球包括挺胸式、收胸式两种方法。

挺胸式接球,面对来球站立(两脚左右或前后开立),两膝微屈,重心置于支撑面内,上体后仰,下颌微收,两臂自然张开,维持身体平衡。接触球瞬间,两脚踏地,膝关节伸直,用胸部轻托球的下部,使球微微弹起于胸前上方。对于较高的平直球也可采用这种方法将球接于胸前,但触球瞬间膝关节由直变屈,脚由提踵状态变全脚掌落地,整个身体保持接球时的姿势,下撤将球接在胸前。

收胸式接球多用于接齐胸高的平直球。面对来球,两脚左右或前后开立,两臂自然张开,挺胸迎球,触球瞬间收胸、收腹,臀部后移将球接在体前。若需将球接在体侧时,则触球瞬间转体,将球接在转体后相应的一侧。

(三)接球技术练习

1.停地滚球练习

(1)停迎面地滚球。两人对面站立,一人踢地滚球,另一人迎上停球。

(2)对墙踢球,迎上去停反弹回来的球。

(3)跑动中停侧面来球。两人一组,相距 10～15 米。甲向乙两侧传球,乙跑动用规定部位停球,乙停球后再回传给甲。

2.停反弹球练习

(1)自己向上抛(踢)球,练习停反弹球。

(2)互相抛停反弹球。两人对面站立,一人抛,一人停。

(3)追停由身后传来的高球。两人一组,一人转身跑停另一人由身后传来的高球。

3.停空中球练习

(1)用各种停空中球的方法自抛自停空中球。

(2)二人互抛互接空中球,逐渐改变球的弧度、落点,使停球者练习移动停球。

(3)停球者在对方半场中圈站立。守门员由本方罚球区抛发球至中圈附近,停球者跑上用各种方法停空中球。

五、运球技术

运球是球员连续控制球的技术,指用身体的某一部分触球,使球能随人一起运动。运球是足球技术中最基本的技术动作之一。

(一)运球的三个阶段

运球方法很多,但每一种运球方法,都由跑动和推拨球两个动作组成。这两个动作过程又由支撑脚踏地后蹬、运球脚前摆触球和运球脚踏地支撑三个紧密衔接的环节组成。这三个环节组成运球动作的完整结构。要正确解决运球与跑动的关系,首先,要尽量缩短支撑的时间,迅速过渡到后蹬;其次,后蹬与运球腿前摆要紧密衔接,使蹬、摆与推拨的动作用力协调一致地作用于球上;最后,运球脚推拨球后积极快速地落地,使身体与球保持合理的距离。

1.支撑脚踏地后蹬

支撑脚踏地后蹬,一是可以推动人体重心前移;二是可以支撑身体平衡,使运球脚能离地、提起,完成推拨球动作。支撑脚时尽量缩短支撑时间,且积极后蹬前摆,能加快运球速度。

2.运球脚前摆触球

运球脚前摆触球,一是可以给球作用力,使球产生位移;二是可以不断调节触球力量、部位、方向和触球时间,协调其与跑动速度的关系。做到球动人跟紧,人能控制好运球路线,使球始终能控制在脚下,以便随时改变方向或推进速度。

3.运球脚踏地支撑

运球脚踏地支撑,一是可以使运球脚在完成推拨动作后,立即踏地保持身体平衡;二是可以使运球脚由踏地支撑转换到后蹬,也可使人的身体产生位移。

在运球过程中,支撑脚踏地后蹬是决定跑动速度的主要环节,运球脚前摆触球是控制球运行的关键。后蹬要随着摆腿的方向转动,并与髋关节、踝关节协调用力带动身体重心随之移动。

(二)运球技术分类

运球技术包括脚内侧运球、脚背正面运球、脚背外侧运球、脚背内侧运球和拉球。在这五种运球方法中,外脚背运球可作直线和曲线运球;正脚背运球技术多用于直线运球与快速推进;脚内侧运球多在变向和掩护运球时采用。

1. 脚内侧运球

脚内侧运球时,支撑脚领先于球,踏在球的侧前方,膝关节稍弯曲,上体前倾向里转;肩部指向运球方向,重心放在支撑脚上;运球脚提起屈膝,用脚内侧部位推球的后中部,使球前进;然后运球脚着地。在改变方向运球时,用两只脚交替拨球。

特点是:易控球,但推进速度较慢,适用于掩护性运球。

2. 脚背正面运球

脚背正面运球时,身体应保持正常跑动姿势,上体稍前倾,两臂自然摆动,步幅不宜过大;运球脚提起,膝关节稍屈,髋关节前送,脚背绷紧,提踵脚尖下指,在着地前用脚背正面部位触球后中部推拨前进。

特点是:直线推拨,速度快,但路线单一,推进时前方需有较大的纵深距离。

3. 脚背外侧运球

脚背外侧运球时,身体应保持正常跑动姿势,上体稍前倾,两臂自然摆动,步幅不宜过大;支撑脚保持在球的侧后方,运球脚提起,膝关节稍屈,髋关节前送,脚跟提起,脚尖稍向内旋,使脚背外侧正对运球方向;在运球脚落地前,用脚背外侧推拨球。向前侧推拨球的后中部。

特点是:灵活性、可变性强,速度快,可做直线、弧线和向外变向运球,易于控制运球方向和发挥运球速度,并便于对球进行保护。

4. 脚背内侧运球

脚背内侧运球时,身体应稍侧转并自然放松,两臂协调摆动,步幅要小些,上体稍前倾;运球腿提起外展,膝关节微屈外旋,提踵脚尖旋,使脚背内侧正对运球方向,在运球脚落地前用脚背内侧推拨球,使球随身体前进。

特点是:控球稳,但运球速度较慢,适用于向支撑脚一侧的变向运球和掩护性运球。

5. 拉球

拉球时,将前脚掌放在球的上部或侧上部,支撑脚在球的侧后方;触球脚向后下方用力将球拉回。向回拉球一般都是在躲开或逗引对方出脚抢球的瞬间将球拉回,再迅速将球推送出去,并越过防守者。拉球时也可接触球的上部,将球向左右两侧拉。

特点是:容易诱骗对方,使对方抢球落空。

(三)运球以及运球过人技术练习

(1)在走和跑中用单脚或双脚交替运球,熟悉球性,体会推、拨球的动作。

(2)学生成一路纵队,第一人运球绕过标杆后往回运,将球交给第二人后排到队尾,依次进行练习。

(3)学生成一路纵队,第一人向前运球,分别绕过前方5~8个实心球再往回运。依次进行曲线运球练习。

(4)一列横队,每人一球,按教师的口令或手势做由变向到变速,由运球到过人的运球练习。

(5)两人一球,做一过一运球练习。

(6)学生绕圈做各种运球、过人的练习。要求学生最好左、右脚对称依次进行。注意养成抬头运球的习惯,努力做到人球兼顾、视野开阔,并强调学生在运球过人技术练习中,练、想、看、说能力综合发展。

六、抢截球技术

抢截球技术是指运动员在规则允许的范围内,使用身体的合理部位,把对手对球的控制权夺过来或破坏掉对手所采取的各种动作。通过抢截球就有可能封堵球的去路或阻挠对手自由地运球线路,自然会增加对手控制球的难度,同时也给对手造成心理上的压力,使其紧张而可能出现失误。由于积极抢截,可使对方传球空当随之缩小和接应活动受限,为同伴和本方组织"稳固"防线创造了条件。

(一)抢截球技术分类

1.抢球

(1)正面跨步抢球

面向对手,两膝弯曲,重心下降,在对手运球脚触球后将着地时,支撑脚用力后蹬,抢球脚以脚内侧对准球跨出,另一脚跟上从正面抢堵球。如双方同时触球,则顺势向上提拉,使球从对方脚背滚过,把球控制好。

(2)侧面合理冲撞抢球

在与运球者平行跑动时,身体重心稍向下,同对手接触的一侧臂要紧贴身体。当对手靠近自己一侧的脚离地时,用肘关节以上的部位冲撞对手相应的部位,使其失去平衡,乘机将球控制过来。

(3)侧后抢球

主要通过倒地铲球来完成。在控制球的对手拨出球的刹那,抢球者后脚用力后蹬成跨步,上体后仰,前脚以脚外侧沿地面向前外侧滑动中,用脚背或脚尖将球踢出或捅出去,接着小腿外侧、大腿外侧和臀部依次着地滑动。

2.截球

截球指在规则内所允许的动作,把对方队员间的传球或射出的球堵截住或破坏掉。比赛中要根据临场具体情况,选择恰当的位置,果断、快速地利用踢球、顶球、铲球或停球等技术完成截球。

(二)抢截球技术练习

(1)学生成体操队形,按教师口令做向前跨步抢截球的模仿练习。

(2)一人脚旁放一实心球,另一人做抢球练习,体会脚触球部位。

(3)两人相距4～6米,中间放一实心球,按教师口令同时做向前跨步抢球练习,体会跨步重心前移的抢截技术。

(4)两人相距10米,一人直线运球,另一人做正面跨步抢球练习。

(5)一人直线运球,另一人在侧面做合理冲撞将球抢下。

(6)向前自抛地滚球,追上去两脚轮换做铲球练习。

(7)一人直线运球,另一人在侧后做铲球练习。

(8)学生围成圆圈传球,圈内2～3人作截球人,谁截到球后便站在圈上,传球失误者到圈内截球。

七、头顶球技术

(一)头顶球技术分类

头顶球技术的种类主要以顶球时运用头的部位来区分,正确的部位只能是前额骨的正面和侧面。在每一种技术中,由于顶球前的准备动作不同,又可分为原地和跳起,跳起时又可分为单脚起跳和双脚起跳,由于球方向的不同,又可分为向前、向后和向两侧顶球。

1.前额正面顶球

前额正面坚硬平坦,触球面积大,它处于头的正前方和两眼上方,便于在顶球时观察来球周围情况,使击球准确有力。

(1)原地顶球

顶球时先选好站位,使身体正对来球方向,两脚前后开立,膝关节微曲,重心在后,两眼注视来球,判断好来球的速度,做好准备工作,两腿前后开立腰部前挺,胸部上提,下颌平收,两臂自然张开,上体后倾,身体重心放在右脚上,顶球时后脚迅速蹬地,上体由后向前摆动,在即将触击球的刹那,两腿迅速用力蹬伸,以腰腹和颈部的快速摆动主动迎击来球。击球时,颈部肌肉保持紧张,两眼注视出球方向。

(2)跳起顶球

①原地双脚起跳顶球

身体正对来球,两脚左右开立约15～20厘米,脚尖稍内转,膝关节微曲,上体稍前倾,两臂屈肘后伸,身体重心平均落在两脚上,两眼注视来球。起跳时,两臂由后向前上方振臂,同时弓身,提胸,收下颌,两脚积极用力蹬伸,在跳起上升过程中挺胸展腹,两臂自然张开,两眼注视来球,当跳起最高点准备顶球时,身体成背弓,当球运行到身体垂直部位前的刹那,快速收腹,身体前摆并且甩头,用前额正面将球顶出。顶球后两腿自然屈膝,屈踝,双脚落地。

②单脚起跳顶球

可做 3～5 步助跑,在助跑过程中判断来球运行路线和起跳方向,起跳时,有利脚迅速蹬地,另一腿屈膝上摆,两臂自然上提,使身体向上跃起,成原地顶球预备姿势。顶球的动作要求与跳起顶球基本相同,落地时双脚同时落地。

③鱼跃顶球

在顶离体较远的平直球时,为了抓紧时间射门或解救门前危险球,可以运用鱼跃顶球的方法。动作方法是判断好来球的路线和选择好顶球点后,以单脚或双脚蹬地,身体呈水平状态向前跃出,两臂微曲稍前伸,两眼注视来球,利用身体向前跃起的冲力,以前额骨正面顶球,顶球后,身体成背弓形,两臂屈肘前伸,两手着地,接着以胸部、腹部和大腿依次着地。

2. 前额侧面顶球

前额侧面顶球的部位是前额的两侧,这个部位虽坚硬,但不平坦,面积也小,又在两眼的侧前方,顶球时摆体用力方向又与来球方向不是迎面相遇,出球力量较小,故在击球时间,出球方向方面都难于额骨正面顶球。其优点是动作突然,能变换出球方向,特别是前锋队员在门前得边锋传中球射门时威力更大。

(1)原地顶球

顶球前与出球方向同侧腿向前跨出一步,两膝微曲,身体重心放在后脚上,上体和头稍向异侧倾斜并转体约 45°,两眼斜视来球,两臂自然张开。顶球时,后脚蹬地,上体和头向出球方向迅速扭转,屈体甩头,出球方向同侧肩的前上方,用额骨侧面顶球。

(2)跳起顶球

一般用单脚起跳,起跳动作与前额骨正面顶球的单脚起跳动作相同。在跳起上升的过程中,上体侧屈,侧对来球,在跳到最高点顶球时,急速转体、甩头,用额骨侧面将球顶出。顶球后,两膝微曲并缓和落地。

(二)头顶球技术练习

1.原地顶球练习

(1)做各种顶球模仿练习。

(2)一人双手举球至对方头高,另一人用额头正面、额头侧面顶球,领会顶球时接触部位和击球点,然后逐渐加大顶球力量。一方面,消除惧怕心理;另一方面,养成注视来球和顶球前不闭眼的习惯。

(3)顶吊在吊球架上的球。每次顶后,将球稳住再顶,逐渐练习连续顶球,以提高接触部位和击球点的准确性。

以上练习主要是领会动作要领,动作方法。其中要强调接触部位、击球点和身体各部位关节肌的协调用力。

(4)自抛顶球。自己向空中或对墙抛球,待球下落或弹回时对墙顶球,两人一组,一人抛球一人顶,三人一组相互抛球,练习前额侧面顶球。

(5)3～4人围成一小圈连续顶球,练习时,尽量使球不落地。这种练习以建立球感和掌握球的运动规律为主。

(6)顶球射门。原地或跑动中前额侧面顶球射门,顶球队员站在球门区或罚球区角附近,另一人由其正前方抛球,顶球人原地或跑上去用前额侧面顶球射门。

2.跳起顶球练习

(1)做各种跳起顶球模仿动作。

(2)做原地或助跑起跳顶吊球练习。主要是领会起跳动作和跳起腾空时腰、腹用力和甩头动作。

(3)两人一组,相互站立,一人抛球,另一人原地跳起顶球,也可做上步或退步跳起顶球。

(4)三人一组,练习方法与原地互抛顶球相同。主要领会判断选择击球点和跳起顶球时间。

(5)踢高球顶球。两人一组,一人踢高球,另一人助跑跳起顶球,也可3～4人一组练习,前额侧面顶球。

(6)顶边路传中球。中间插上做原地、跑动中或跳起前额正面、前额侧面顶球。

3. 顶准和顶远练习

顶准：顶向预定的目标，如铁圈画格的足球墙或在场上画圆圈标志等。

顶远：规定顶球距离的练习。三人一组，站成一路纵队，每人相距6～8米，甲抛球给乙，乙向后顶给丙，丙再抛给乙，可做原地或助跑与原地跳起的向后顶球，也可踢远距离高球做向后顶练习。

4. 鱼跃顶球练习

辅助练习时在垫上做鱼跃前滚翻、俯卧撑屈臂，成俯撑半蹲鱼跃落地练习，模仿鱼跃顶球练习和顶吊球练习。

两人一组，相距3米。第一步：一人抛球，另一人直跪在地上做鱼跃顶球。第二步：一人抛球，另一人做原地半蹲鱼跃顶球。第三步：一人抛球，另一人原地站立前倒做鱼跃头顶球。

八、假动作

（一）假动作技术分类

假动作是指运动员在比赛中，为了隐蔽自己真实的动作意图，利用各种动作的假象，来调动迷惑对方，使对方对其动作产生错误的判断或失去身体重心，造成对自己有利的形势，从而取得时间、空间位置的优势，来达到自己真实动作的意图。

1. 踢球假动作技术

运动员已控制球或正准备控制球，准备与同伴配合及接球时，对手前来堵抢，挡住其路线时，先可向一方做假动作，当对手以假当真去封堵假动作路线时，突然改变踢球脚法将球传或接向另一方面。

2. 头顶球与胸接球假动作技术

当队员面对胸部以上的高空来球，准备接时，对手迎面逼近准备抢截，此时接球的队员做出胸或头、接或顶的假动作诱使对手立定，在其封堵接、传路线时，突然改变动作，用头或胸将球顶出或接住。

3.运球假动作技术

运球假动作技术在比赛中是最常见的,它不仅用来突破正面对手,而且可以用来摆脱来自侧面和后面的对手。

对手迎面跑来抢截球时,可用左(右)脚的脚背内侧扣拨球动作结合身体的虚晃动作,诱使对手的重心发生偏移,然后用左(右)脚的脚背外侧向同侧方向拨运球越过对手。

对手从侧面来抢截球时,先做快速向前运球动作,诱使对手紧追,这时突然减速做停球假动作,当对手上当时,再突然起动加速推球向前甩掉对手。

当对手从身后来抢截球时,运球者用左(右)脚掌从球的上方擦过,做大交叉步,身体也随动作前移,诱使对手向运球者的移动方向堵截,然后以运球脚后前脚掌为轴,突然向右(左)后方转身,再用右(左)脚脚背内侧将球扣回把对手甩掉。

(二)假动作技术练习

1.在无对抗的情况下做练习

(1)向右(左)假踢,向左(右)拨球前进。

(2)向右(左)假接,向左(右)拨球前进。

(3)向右(左)假踢球,瞬间改用前脚掌将球拉回,再向左(右)推拨球前进。

(4)向右(左)跨过球,向左(右)拨球前进。

2.在有对抗情况做练习

(1)两人一组,其中一人进攻一人防守,两人轮流进行假动作练习。

(2)在掌握一定的假动作技术基础上,可结合球进行假动作后的传球、射门练习,也可利用3对3或4对4的传球、抢球练习,或用小比赛进行假动作的练习。

九、守门员技术

随着足球规则的不断发展,足球竞赛对守门员的要求也越来越严格。

守门员技术的好坏对全队起着决定性的作用。守门员担负着固定的角色,要独自判断场上情况、控制自己的防守区域、正确处理射门和横传球。不仅如此,守门员必须为防守队员的站位提出建议,并肩负起防守的全部职责。当对方的进攻被瓦解而本方球队重新控球后,守门员是最先发动进攻的队员。

(一)守门员技术分类

守门员技术一般包括位置选择、准备姿势、移动、接球、拳击球、托球和抛踢球等。

1. 位置选择

守门员为了守住球门,首先要选择正确合理的位置。位置的选择应根据对方的射门地点和射门角度来决定。一般情况下应站在两球门柱与射门时球所处的位置所形成的分角线上,当对方近射时,守门员应靠前些,这样可以缩小射门角度;在对方远射时,可适当前移,但要防备对方吊球进门;当球向中场或前场移动时,守门员可前移到球门区线附近,并根据球的发展及时调整自己的位置;当对方在中场直传插入突破时,守门员应抓好时机及时出击截球。

2. 准备姿势

两脚左右开立,约与肩同宽,两膝自然弯曲并稍内扣,脚跟稍提起,身体重心落在前脚掌上,上体稍前倾。两臂于体前自然屈肘,两手五指自然张开,掌心相对且两眼注视来球。

3. 移动

守门员为了更好地堵截和接住对方的传球和射门,必须根据对方射门前球和人的位置变化而相应调整自己的位置。向左右调整的移动,一般采用侧滑步和交叉步两种步法。

(1)侧滑步

当对方向球门两侧射低平球时,可采用侧滑步移动,使身体正对来球。向左(右)侧滑步时,先用右(左)脚用力蹬地,左(右)脚稍离地面并向左(右)滑步,右(左)脚快速跟上,两眼注视来球。

（2）交叉步

在接两侧高球或扑接球时，为了便于蹬地跃起，多采用交叉步。如向左（右）侧做交叉步移动时，身体向左（右）侧倾斜，同时右（左）脚用力蹬地，并快速向左（右）前方跨出一步；然后左（右）脚向左（右）侧移动，右（左）脚和左（右）脚依次快速移动，并蹬地跃出。

4.接球

接球是守门员最主要的技术，主要有下面两种方法。

（1）直腿式接球

两腿自然开立，脚尖正对来球，上体前倾，两臂自然下垂，两手小指靠近，手掌对准来球，稍向前迎，两手接球的后底部，在手触球的一刹那，两手后引，屈肘、屈腕，两臂靠近将球抱于胸前。

（2）单腿跪撑式接球

身体正对来球，两腿前后开立，前腿弯曲支撑身体重心，后腿跪立，上体前倾，手臂下垂，手掌对准来球，稍向前迎，两手接球的后底部，在手触球的一刹那，两手后引，屈肘、屈腕，两臂靠近将球抱于胸前，然后起立。

5.拳击球

在守门员没有把握接住或有对方猛烈冲门的情况下，为了避免接球脱手，可采用拳击球。拳击球有单拳击球和双拳击球两种方法。

6.托球

托球是判断来球运行路线后，向后跃起，手指微张，用手掌前部触球的下部，使球呈弧形越过球门横梁。

7.抛踢球

抛踢球是守门员把获得的球直接传给自己同队队员的技术动作。抛踢球有踢自抛的下落空中球和踢自抛的反弹球两种方法。踢自抛的下落空中球和踢自抛的反弹球的动作与脚背正面踢球基本相同。但守门员是向前上方踢，要求高和远。

（二）守门员技术练习

（1）无球条件下做选位、准备姿势和移动练习。

(2)两人一组相距 10～15 米,互相抛球,做接地滚球、平直球、高球练习。

(3)两人一组相距 15～20 米,做掷球、托球、接球、拳击球、抛踢球练习。

(4)两人一组相距 10～15 米,进行互踢互守练习。

第三章　高校足球基本战术教学

第一节　高校足球基本战术概述

一、足球战术原则

(一)足球比赛的攻防战术原则

足球攻防战术原则是足球比赛的特点和攻防客观规律的高度概括，是在比赛中战胜对手的行动准则。攻守平衡是足球比赛的基本原则，只有进攻才能进球得分，只有稳固防守才能确保本方球门不被对手攻破，只有本方不失城池而又能攻破对方球门得分，才能保证本队比赛的胜利。

1.进攻战术原则

任何一支球队都必须在共同遵循的进攻原则指导下，统一认识、统一行动。在守方队员从对手脚下夺得球或攻方队员将球踢出场外、攻方队员犯规使守方队员获得控球权的瞬间，进攻就开始了。纵深、宽度、渗透、应变，是由守转攻时应遵循的原则。

(1)纵深

突破对方防线，向对方球门区快速推进，迅速地攻击对方球门是进攻的主要方向和目的。因此，足球比赛由守转攻的瞬间首先应迅速创造和利用有效的进攻纵深，以最快的推进速度兵临对方球门，形成攻门之势。

(2)宽度

在不能迅速创造有效进攻纵深时，必须在确保本队控球权的前提下，充分利用球场宽度，有意识地向场地两侧跑动散开或不停地交叉换位将防守者向两边拉开。拉开的目的是使防守方被迫移动防守重心，扩大防守面积,松散其防线的左右联系,为实施纵向的渗透突破、增大进攻的时间和空间创造条件。拉开的宽度应根据攻防双方队员的活动及位置的情况和场区的不同而异。

(3)渗透

在拉开对手防区的基础上,进攻队员必须通过传球、运球等技战术手段渗透突破对方防线。前锋队员要频繁地跑位,带动防守队员移动,一旦出现空当,要迅速地传球切入,加快进攻的速度,使对方措手不及,达到利用对方防守空当进攻的战术目的。相邻位置的进攻队员在扯动、传球、切入等方面的默契配合是有效进行传切渗透的关键。

(4)应变

足球比赛场上的情况千变万化,没有固定的比赛模式或套路,更没有绝对一样的比赛情景能够反复重现。这就要求运动员在比赛中必须善于审时度势,根据不同的比赛情况机动灵活地运用各种攻防技战术,来达到预期的比赛目的。

机动灵活的原则要求进攻队员通过积极主动、快速多变的有球和无球活动,不断变化进攻的节奏、方向、位置、区域、距离和高度等,从而使防守一方顾此失彼、防不胜防。运控球或过人突破过程中的假动作和无球跑动中摆脱对手的能力是实现机动灵活的重要手段。

应变的原则主要体现在新创造射门机会和运用射门技术方面。这就要求运动员必须在最短的时间内,在实施攻击的多个可能中随机应变地筛选出射门得分的最佳方式,或为同伴制造机会,或自己果断攻击对方球门。

2.防守战术原则

在足球比赛中,本队一旦失去控球权即意味着防守的开始。成功的防守是确保本方球门不失的重要保证,也是积极进攻的必要前提。足球比赛实践证明,延缓、平衡、收缩、控制是进行有效防守必须遵循的战术原则。

(1)延缓

最大限度地延缓对方进攻的推进速度是快速构筑本队有效防守体系

的先决条件。因此,当失去控球权后由攻转守的瞬间,有球区域的防守队员必须就地、就近阻截,尽可能封锁对方向前传球或带球推进的路线,迫使对手横传或回传球,以减缓其进攻的速度,粉碎其快攻的企图,从而赢得其他防守同伴迅速回防到位,形成以多防少有利局面的宝贵时间。阻止对方发动快速反击是贯彻这一原则的关键环节。

(2)平衡

在延缓对手进攻推进速度的同时,其他防守队员必须快速回防到位,尽快抢占对手与本方球门之间的防守要害区域及防守位置,力求防守人数与对方进攻人数的对等均衡,甚至超过对方进攻的人数,以保证本队形成安全稳固的有利防守局面。强烈的、整体的由攻转守的角色意识和快速回防的奔跑能力是有效地运用这一原则的必然要求。

(3)收缩

在回撤布防及形成正面防守的过程中,防守队员在横向与纵向之间合理的相互靠拢和收缩,是缩小防区、集中兵力、有效地控制门前要害区域的必然要求,也是防守力量对等平衡原则的有效运用。防守收缩的一般原则应是:整体防线向球场的中轴线和本方门前的方向呈"漏斗型"收缩靠拢;向有球区域一侧收缩靠拢,并形成纵横交错、相互保护和补位的紧密防守队形,压缩所有可能威胁本方球门的空间。

(4)控制

对进入本方门前30米区域的有球进攻队员和插上的进攻队员要严密控制、盯紧牢防,不给对方任何突破和射门的机会,还应避免不必要的犯规。随着对手向本方球门的逐渐接近,必须尽快收缩门前防区,形成人数上的优势和有组织的密集防守。防守的重点应是罚球区的中路咽喉地带和对手有可能射门的区域。对进入这些区域或在有效射门距离内的有球进攻队员实施贴身紧逼防守,最大限度地限制其行动自由,从而对进攻队员、足球、空间进行有效控制。

(二)个人攻防战术行动准则

1.个人进攻战术行为准则

(1)本方得球后立即进攻。

(2)传球后积极跑动。

(3)在对方罚球区附近的有效射门区域内,持球队员应首先选择射门。射门后要及时跟进,以便进行补射。

(4)主动迎上接球,不要等球。

(5)在任何时候、任何地点,有同伴比自己位置更好、更能获得向前或射门机会时,要及时、坚决地传球。

(6)合理运用运球控球。

(7)接控球时,应力争在空中或球的第一落点接控好球。尤其在本方禁区内更应如此,以免来球被对手趁机截获而射门得分。

(8)在本方罚球区地带尽量避免回传或横传球。

(9)对方罚球区附近的持球队员,在无同伴接应或接应不力的情况下,应果断地进行运球过人突破,或保持球权等待有利进攻时机。

(10)在可运球、可控球、可传球的情况下,应坚决选择传球。

2.个人防守战术行为准则

(1)失球后立即防守。一旦本方失球,全队无论哪个位置,也无论此时处于哪一区域的队员都应迅速地通过各种方式进行防守,且应力争将对手向边路或外线挤压。

(2)选择正确的防守位置。一般的选位原则是防内(中路)放外(边路)。

(3)个人防守的一般步骤是:断抢→紧盯防其转身→面对僵持并伺机抢截→转身追抢或破坏。

(4)对控球或即将接控球的进攻队员要紧盯控制。

(5)对已经控球转身面对自己的进攻队员,要尽量避免轻易出脚抢断而被其突破,应将其逼入不利于进攻的局面,伺机抢截或破坏。

(6)球近人近,球远人疏,人球兼顾。

(7)经常使自己面向球进行正面防守,以便随时观察到球的活动情况。

(8)防守时,尽量不让球越过自己,避免经常性的转身回追防守。

(9)坚决避免不必要的犯规(尤其在本方罚球区内更应该避免犯规)。

(10)防守时不要随便踢球出界而轻易失去控球权。

二、足球战术意识

(一)足球战术意识的概念及培养足球战术意识的意义

1.足球战术意识的概念

足球战术意识是足球运动员在战术活动中一种心理的呈现,它体现了人的思维是否能与战术设定相符,是运动员根据时下情况对于战术的一种反映,并最终在行动上体现出来。战术意识是运动员在足球训练以及比赛中累积而成的宝贵经验,这些经验将保证运动员在比赛中非常自然地根据战术意图和实际情况合理组织和实施战术。

战术意识明确反映了球员的战术思维能力。战术意识在比赛中的定向、抉择、反馈、支配等作用,能够令球员在战术行动中的发挥更为稳健,也更加体现战术能力。

2.培养足球战术意识的意义

足球运动员战术意识,是在一个长期的过程中慢慢积累起来的,因此必须不断地进行意识上的训练。如果先进行技术培养,再练战术,在比赛中很容易造成技术与战术脱节,影响比赛效果。因此,运动员要始终明确战术训练的形式、目的、内容和要求,了解技术是战术的基础,战术是技术的表现,技术是为战术服务的。训练中要带有一定的对抗性,要充分考虑到自身行动对整体战术的影响和防守人的状态,要有分寸、不盲目,从而提高技战术水平,能在比赛中始终掌握比赛主动权。

(二)足球运动员战术意识培养

1.加大实战对抗练习强度

在一般的足球训练中,往往没有加入大强度的对抗内容,只是单一的、无人逼抢的技术练习和传接配合等战术练习,这就造成了训练不符合实际比赛的情况。以至于到正式比赛中,平时练习的技战术一遇到真正的对抗和逼抢,就不能适应比赛,甚至没有了章法。

现代足球运动训练中,运动员必须在平时的练习中(如传、切、停、射等技术)加入对抗的练习,并将对抗下的技战术调整能力和适应比赛的战术意识摆在重要的位置上来。在实践中要多运用假动作,多进行配合,多利用眼神的交流,注意动作节奏的变化,把平时训练的内容应用到比赛中去;多加入对抗练习,利用友谊赛和分队比赛的形式,提高运动员对比赛的适应能力。主要是因为这两种比赛形式,运动员的思想压力小,期望值不高,能以放松的心态对待比赛,这样不仅有利于技战术水平的发挥和创造性思维的迸发,还有利于思想意识的提高。

2.观看优秀球员的比赛和比赛录像

当足球运动员通过训练掌握了足球运动的理论基础和技战术应用方法之后,教练员应多组织运动员观看比赛和比赛录像,尤其是世界优秀球队的经典比赛。通过观摩比赛和观看比赛录像,进行科学的理论教学,总结出具有实际意义的理论知识和技战术方法,并使队员从画面中领会到战术意识的真正含义,并且发掘出适合自身特点的战术思想。此外,还可利用本队比赛录像进行分析教学,增强运动员的战术意识。

3.鼓励球员创造性发挥战术水平

优秀足球运动员一般都有其自身的特点和优势,这些特点和优势都是在比赛中通过创造性发挥慢慢成熟的。因此,在足球战术训练中需要多鼓励运动员在场上的即兴发挥,多判断、分析、归纳,找问题、提问题、解决问题,活跃运动员的思维,多思考、多动脑,在比赛中学会用脑思考。鼓励运动员在场上发挥创造性的战术配合,根据比赛的具体情况选择简单有效的战术配合;鼓励运动员创造性发挥,培养场上随机应变的能力,强化自身的特点和优势。

此外,在训练实践中,对违反战术要求的运动员,不要急于批评,应有耐心地听取队员的想法,再因势利导,最终让队员理解战术的基本原则。比赛中队员之间出现的精彩战术配合,要及时表扬,并带领全体队员进行分析,迅速培养这种战术意识。

第二节　高校足球基本战术教学

足球比赛是由攻与守这对矛盾组成的,攻、守不断地转换,组成了比赛的全过程。因此,足球战术可分为进攻战术和防守战术两大系统。各系统又都包括个人战术、局部战术和整体战术。

一、足球进攻战术

(一)个人进攻战术

个人进攻战术是指在比赛中为了战胜对手而采取的符合整体进攻目的的个人行动。个人进攻战术是构成局部和整体进攻战术的环节。个人进攻战术行动水平的高低直接影响局部和整体进攻战术的质量。个人进攻战术包括传球、射门、运球突破和摆脱跑位等。

1. 传球

传球是比赛中运用最多,也是最重要的技战术手段。传球在比赛中的表现形式多种多样。接触球方式可分为直接传球和间接传球;按传球距离可分为短传(15米以内)、中传(15～25米)和长传(25米以上);按传球高度可分为地滚球、低球(膝部以下)、平直球(膝以上,头部以下)和高球(头部以上);按传球方向可分为直传球、斜传球、横传球和回传球;按传球目标可分为向同伴脚下传球和向空当传球;按旋转方向可分为上旋球、下旋球、侧旋球和混合旋球。为使各种传球达到预期的效果,主要应注意以下问题。

(1)培养良好传球意识

首先,要养成传球前抬头观察的习惯,扩大视野范围。其次,传球时必须清楚往哪里传最有威胁,哪种传球方法最合理,什么时候传,传出什么性质的球。

(2)隐蔽传球意图

暴露传球意图是传球失误、同伴接球困难的重要原因之一。传球的隐蔽性是达到传球战术目的的重要前提。在比赛中应多采用直接传球、变向传球、结合假动作传球,运用多种传球脚法的变化来隐蔽传球的意图。

（3）把握传球时机

把握恰当传球时机的能力,标志着运动员传球战术意识的高低。恰当的传球时机应是在时间和空间上有利于同伴接球和及时地处理球,但又能避免其越位。

（4）提高传球准确性

比赛中传球失误过多就意味着被动,也往往是比赛失利的主要原因之一。准确的传球是全队协同配合与进攻成功的关键,传球失去准确性,其结果必然是功亏一篑。传球的准确性主要体现在熟练、合理地运用不同的脚法,并能控制好出球方向、距离、弧度、力量和落点。

2.射门

射门是一切进攻战术配合的最终目的和进攻得分的唯一手段,也是进攻战术最重要、最困难、最振奋人心的环节。在现代足球比赛中,要想在对方严密防守和顽强拼抢的情况下,有效地完成射门,必须有强烈的射门欲望,善于抓住射门时机,选择合理的射门方法。

（1）强烈的射门进球意识和欲望

在有效的射门区域并有射门机会时不起脚射门是进攻机会的极大浪费。具有强烈的射门进球意识和欲望,捕捉一切射门的机会是进球获胜的重要因素。

（2）射门必须准确、突然、有力

准确是射门的前提,也是能否破门得分的关键。在准确的基础上,要射得突然、有力,使对方守门员猝不及防,尤其是远射更应强调力量。

（3）尽量射低平球

一般来说,守门员扑接低球与地滚球比接平球、高球难,尤其是射向球门两侧的低球更为难接,因为守门员降低身体重心或倒地扑球需要更多时间。此外,射低球或地滚球不仅球速快,而且随时可能由于某种原因在运行过程中使球改变方向,守门员往往会由于无法预料而造成动作失误。

(4)选择最佳射门角度

射门前要观察守门员所处的位置和移动情况,选择好射门角度,这直接影响射门的效果。一般情况下,当守门员站在球门中间时,应将球射向球门的两个下角;当守门员移动时,要将球射向他移动的反方向;从侧面射门时应尽量射远角,一旦射门不进,同伴还可以包抄补射;当守门员站位太向前时,要注意吊射。

(5)把握射门时机

选择合理的射门方法后,一旦出现射门机会,应果断地、快速地起脚射门,任何犹豫均会造成动作迟缓而丧失射门良机。

要力争抢点直接射门。现代足球比赛中出现的射门时机稍纵即逝。因此,在罚球区内要力争抢在对手行动之前抢点直接射门,这不仅可以及时把握射门机会,还可以使对方守门员猝不及防。

3.运球突破

运球突破是撕开对手防线,创造以多打少局面的锐利武器,也是更好地创造射门和传球机会的有效手段。一般在下列情况下采用运球突破:

(1)控球队员在没有射门、传球可能时,可运球突破对手,创造射门和传球的机会。

(2)在攻守转换过程中,控球队员在进攻区内,面对最后一名防守队员,应大胆运球突破其防守。

(3)控球队员在对手贴身盯防,失去传球和射门的角度时,应采用运球突破摆脱其逼抢,寻找更好的进攻机会。

(4)同伴处于越位位置而又没有其他更好的传球选择时,应果断运球突破,直接攻门。

采用运球突破时应注意:控好球,护好球;掌握好运球突破的时机、距离和方向;运球逼近、调动、超越、摆脱对手的技术环节应衔接紧凑,一气呵成;一旦突破对手,应及时射门或与同伴进行传球配合;机动灵活地运用运球突破战术,当对手紧盯防守时应多采用假动作,当对手松动防守时,应诱使其出脚犯错误,当对手速度快时,多采用变向突破,当对手速度慢时,多采用变速突破;在本方后场切不可滥用运球突破,以免贻误进攻战机或造成本方被动。

4.跑位

跑位是指比赛中队员在无球的情况下,通过有意识的跑动,为自己或同伴创造进攻机会的行动。跑位是整体进攻战术的基础,是本队获得球权的准备行动,也是拉开对方防线,获得必要进攻时间和空间的重要手段。为了保证有限的有球活动顺利、高效地完成,进攻队员就必须通过积极、快速、多变的无球活动来摆脱防守,创造控制、支配球的必要时间和空间。

(1)敏锐的观察

当本方由守转攻时,其他同伴的首要任务就是观察控球同伴所处的场区位置、控球情况、出球路线和方向。另外,还要观察其他无球同伴的活动及对方的布防情况等。在此基础上,队员才可能根据本队的战术打法特点和自己的比赛职责进行合理跑位。

(2)明确的目的

跑位的目的是为自己或同伴创造获得球的时间和空间,跑位需要具有高度整体配合意识的多名队员协同行动。只有相互理解默契,保持合理的进攻队形,才能取得最佳效果。正确的跑位可达到摆脱、接应、拉开、切入、插上、套边、包抄、扯动和牵制等目的。

①摆脱:队员通过变速或变向跑动甩开对手的紧盯防守,获得有效的接球时间和空间。

②接应:当控球队员被防守队员逼抢时,无球队员在避开防守队员封堵角度的前提下,跑向控球队员,为控球队员创造一条传球路线。接应角度一般应在持球人侧前或侧后45°方向,接应距离应根据不同场区和态势灵活掌握。

③拉开:当控球队员没有对手逼抢或以多打少时,无球队员应及时拉

开空当,扩大防守面,使进攻获得更大的空间。

④切入:当控球队员有传球可能时,进攻队员应快速通过防守的结合间隙跑向防守者的身后空当接球。由于防守队员把注意力较多地放在球上,不易观察到身后切入的跑位队员,所以后切较前切更具威胁性。

⑤插上:插上是指位于后方的无球队员突然跑向球前空当接球进攻或向前跑位接回传球射门。

⑥套边:一般是在中、前场的边路,无球队员利用边路队员向内线扯动时,吸引边路防守队员拉出空当,适时沿边路跑位并从边路突破防守的方法。

⑦包抄:一侧队员下底传中或射门,另一侧无球队员要及时包抄到位,以免使球漏过而失掉进球良机。

⑧扯动:无球队员通过跑动或与同伴交叉换位,拉乱对方的防守位置和部署,为同伴创造传接空当。

⑨牵制:一侧进攻,另一侧的无球队员不要过早地向中间跑位,以牵制和吸引防守队员,削弱另一侧队员的进攻压力和拉开中路防守空当。当对方进攻到本方后场时,本方中锋不要过多后撤,应站在中圈附近牵制对方的中后卫,以减轻本方的防守压力。

(3)合理的时机

跑位要及时、合理。场上出现的空当往往稍纵即逝,跑早、跑晚都会失去机会。合理的跑位时机,涉及跑位队员、传球队员控球的情况和传球时间、空间的情况以及防守队员的位置、行动意图等。需要传球跑位队员具有高度的战术意识和默契的配合能力。

①以跑位引导传球:利用传球队员在得球前的观察,主动跑位引导传球的方向和时机。

②以传球引导跑位:控球队员控制球后用眼光、声音、手势与跑位队员交流,以传球带动跑位。

③根据战术打法选择跑位时机:按照本队既定的战术打法,掌握默契的跑位时机。

（4）多变的行动

①传球后立即跑位：只有这样才能形成连接不断、协调一致的进攻配合。

②要力争向前跑位：只有向前切、插入对方防守空当，才能更快、更有效地突破对方防线，获得射门机会。向回、向侧跑位是为了制造向前突破的空当。

③隐藏跑位意图：跑位前要利用假动作和变速、变向来迷惑对手，然后突然起动，摆脱对手的盯防，跑向预定位置。

④以己之长，克彼之短：比赛中要尽快掌握对手的情况，根据对手的体能、速度、意识、经验和特点，合理跑位。

⑤不停地跑位：能跑、快跑、善跑既可以防冻结，又可以创造更多、更好的进攻路线和射门机会。

⑥一动全动，协同跑位：跑位是高度战术意识支配下的整体战术行动，无球队员要相互配合，协同跑位，以球动而动，以近球者的行动而动，有拉有插，形成纵横交错、相互衔接、距离合理的攻击队形。

（二）局部进攻战术

这是在比赛中两个或几个队员之间通过摆脱与跑位在局部地区形成默契配合的进攻行动。

1.两人的局部进攻战术

两人的传球配合是集体配合的基础，两人的局部配合在任何地区都可能出现，运用得比较多的是在前场。

比赛中常用的两人配合有以下几个方面。

（1）一传一切配合。是指控制球的队员向防守队员空隙传球，另一同队队员越过防守队员，切入得球的默契行动。如斜传直切（见图 3-1）、直传斜切（见图 3-2）、回拉接应反向入切（见图 3-3）。

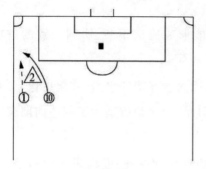
图 3-1　斜传直切

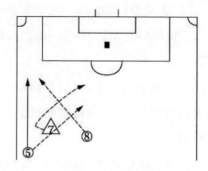
图 3-2　直传斜切

（2）两次传球。是指控制球的队员将球传给来接应的同伴，然后迅速起动摆脱防守切入空当，接同伴传向防守身后的球。如踢墙式二过一（见图 3-4）、回传反切二过一（见图 3-5）。

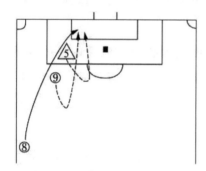
图 3-3　回拉接应反向入切

图 3-4　踢墙式二过一

（3）交叉掩护二过一。是指控制球的队员向侧面运球，另一人与其交叉跑动，当二人贴近的时候将球传向自己的身后，接应的同伴迅速切入得球（见图 3-6）。

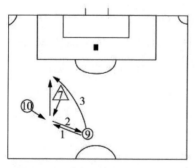
图 3-5　回传反切二过一

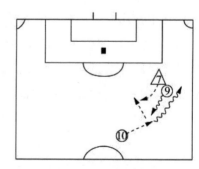
图 3-6　交叉掩护二过一

2.三人的局部进攻战术

该战术是指在局部区域三个进攻队员通过跑位传球来摆脱防守的配合行动。三人配合比二人配合进攻的面更广。二人配合传球的路线只有一条,而三人配合传球的路线有两条,传球可有变化,这对防守队员来说困难也就更大。

三人配合的方法大致分以下两种。

(1)一个队员利用自己跑向空当牵制一个防守队员,其他二个进攻队员利用传球战胜另一个防守队员,这种配合称为传第二空当。如中拉传边(见图3-7)、回拉向前直传(图3-8)。

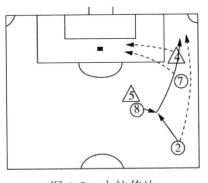

图 3-7　中拉传边

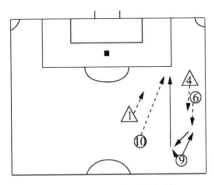

图 3-8　回拉向前直传

(2)三个队员通过传球进行一次间接二过一(见图3-9)或连续两次二过一的配合战胜两个防守队员(见图3-10)。

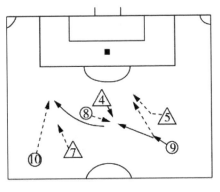

图 3-9　间接二过一

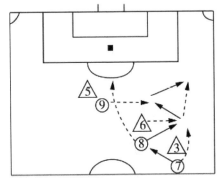

图 3-10　连续两次二过一

(三)整体进攻战术

整体进攻战术是指为了完成进攻战术任务所采用的全局性的进攻配合方法。整体进攻战术依据进攻发展的场区可分为边路进攻和中路进攻。一次完整的进攻是由发动、发展和结束三个阶段组成的。

1.边路进攻

边路进攻是指在对方半场两侧地区发展的进攻。边路进攻一般是围绕边锋进行的配合方法,因此边锋的速度要快,个人突破能力要强,传中技术要突出。其方法是由守转攻时,获球队员将球传给边锋或其他边路上的队员,从边路发起进攻,经过局部配合突破后,一般采用下底和回扣传中方式,将球传到中央,由其他队员包抄射门。通过各种战术配合和运球突破对方防线,创造传中或切入射门的机会。通常采用的配合方法有两种。

(1)边锋跑到边路接应的队员运球突破下底传中:③传球给⑦或⑩,⑦或⑩运球突破防守队员传中(见图 3-11)。

(2)边锋与中锋或前卫配合突破传中:⑦接⑧传球后与⑩进行二过一配合突破防守传中(见图 3-12)。

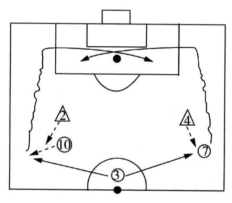

图 3-11 边路下底传中

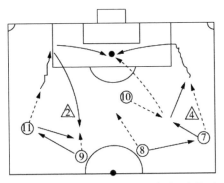

图 3-12　边锋与中锋配合突破传中

2.中路进攻

中路进攻是指在对方半场中间区域发展与结束的进攻。中路进攻时,必须要求边锋拉开,借以牵制对方的后卫,诱使对方中间区域出现较大的空隙,为中路进攻创造有利条件。前场和中场队员要机动灵活地跑位,以有效地调动来拉开对方的防线。进攻的推进应有层次和梯队。传球要准确,技术动作应在跑动中准确、简练地完成。中路进攻通常采用的配合方法有以下三种。

(1)运球推进远射:当进攻队员在中前场得球,对方守门员离球门较远时,可立即起脚远射。

(2)长传反击配合突破:当守方全队压上进攻,后防空虚,暴露较大空隙时,攻方一旦得球就应立即长传给跑在前面的队员进行快速反击(见图3-12)。进攻者抢得球,立即长传到防守队员背后,另一进攻者快速切入接球射门。

(3)快速传球配合创造射门机会:⑩回撤接⑥传球,当对方上来盯抢时,立即回传并迅速反切,同时⑨也迅速切入对方身后空当,⑥传球给⑨或⑩(见图3-13)。

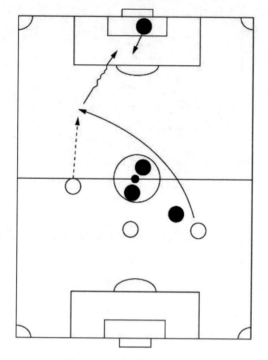

图 3-13 长传反击配合

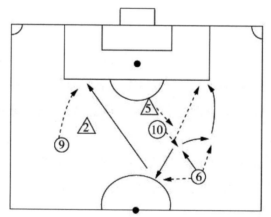

图 3-14 快速传球配合

二、足球防守战术

(一)个人防守战术

个人防守战术是指为了控制对手所采用的个人战术行动。个人战术行动体现着整体战术的特征,个人战术行动是整体战术的基础,它包括选位与盯人、抢断球等。

1.选位与盯人

选位是指防守队员根据位置职责和临场情况,选择占据合理防守位置的行动。盯人是指在正确选位的基础上,对防守的对手实施监控或严密控制其进攻行动。

选位与盯人的要素:

(1)及时:选位要先于进攻队员。

(2)位置:选位的基本原则是进攻队员、防守队员和本方球门中心三点成一线,并保持适当距离。

(3)兼顾:选位以盯人为主,同时兼顾球和空间情况的变化。

(4)队形:选位要组成纵横交错的三角或菱形网络队形。

(5)灵活:以多防少或以少防多时,要根据具体情况和任务目的灵活选位。

(6)盯人:在正确选位的基础上,根据不同的场区和任务实施紧逼或松动盯人。

2.抢断球

抢断球是指将对方控运的球或传球截下来、抢过来或破坏掉的战术行动。抢断球是重要的个人战术,是个人防守能力的重要体现和发动快速反击的有效战术行动。

抢断球的要素:

(1)正确的判断和站位:抢断球要预判持球队员与接应队员的意图,选择有利的位置。

(2)合理的距离:通过移动,与持球对手保持最适宜的距离。

（3）准确的时机：抓住对手接控球未稳或控、运球两个触球动作之间的时机，将球抢下来或破坏掉。

（二）局部防守战术

局部防守战术是指两个或两个以上防守队员之间的配合方法，其配合形式有保护、补位和围抢。

1.保护

保护是指给逼抢持球队员的同伴心理和行动上的支持，使其无后顾之忧，全力以赴对抗对手。在运用保护战术时有以下要求。

（1）保护队员与逼抢队员的距离，根据不同场区应有所不同：后场3~5米；中前场4~8米。根据持球队员的不同特点也应有所变化，对技术型队员距离应近些，对速度型队员距离应稍远些。保护的距离是动态变化的，例如，在后场保护距离一般应3~5米，而保护队员在观察判断同伴与对方持球队员的争夺时不断调整位置，在对方突破同伴防守的一瞬间，保护队员应处在伸脚就能将球夺过来的距离和位置。

（2）保护队员与逼抢队员的角度一般应选为45°角，偏向球的一侧。另外还要根据临场具体情况随时调整角度，如果同伴堵内放外，保护队员选位角度应偏向外线；如果同伴堵外放内，保护队员的选位角度应偏向内侧，以配合同伴形成夹击之势。

（3）保护队员选位时还应考虑双方人数的对比。二防一时，全力保护、夹击；二防二时，既要保护同伴防突破，又要兼顾自己应盯防的对方接应队员；二防三时，主要是延缓对方进攻速度，争取其他队员的回防时间，当对方射门时要坚决封堵。

（4）保护队员还要通过语言指挥同伴来抢截和选位，同时让同伴知道自己的保护位置，使防守配合更加协调、有效。

2.补位

补位是指防守队员弥补同伴在防守中出现漏洞时所采取的相互协助的战术配合。在比赛中，通过同伴间的相互补位，可以有效地遏制和破坏对方的进攻行动，变被动为主动。

（1）补位的形式

①弥补插上的卫线队员的防守空位：当前卫或后卫队员插上进攻退守不及时时，邻近的队员应暂时弥补他的空位，以防对方利用这一空当进行快速反击。

②相互补位：当同伴被突破后，保护队员要及时补位防守，将球夺回来或阻断对方进攻路线。被突破的队员应立即后撤，选择适当位置转化为保护队员。

③守门员出击时，后卫队员要及时回撤到球门线附近选位弥补守门员的位置，防止守门员出击失误，对方突然射空门。

（2）补位注意事项

①防守队员能追上自己的对手时，一般不要交换防守和进行补位。

②需要补位时，邻近位置的两名队员之间进行相互补位，尽量避免牵动更多的防守队员交换位置，以免打乱防守队形。

③要保持罚球区及附近的危险区域不出现空当。

3. 围抢

围抢是指在特定场区，两个以上的防守队员突然、快速、有效地多方位夹击对方控球队员，把球抢夺回来或破坏掉的战术配合。围抢战术是防守中局部的进攻，是被动中争取主动的积极行动。

（1）围抢战术运用

①在围抢局部区域守方人数占有优势而且距离较近时，应统一思想果断围抢。

②被围抢的队员尚未控制好球，他附近又没有接应队员和传球路线时应及时围抢。

③一般应在边、角场区，对方身体方向和观察角度较差或在守方门前接球、运球、射门时，应坚决围抢封堵。

（2）围抢的注意事项

①务求围抢成功，不可疏漏，一旦突破会在其他区域形成以多攻少的被动局面。

②围抢时应贴身逼抢,但切不可犯规,特别是在门前,一旦犯规被罚点球,将造成不可挽回的损失。

(三)整体防守战术

整体防守战术是指全体队员所采取的防守配合行动。

1.常用的防守类型

整体防守战术按形式可分为人盯人防守、区域盯人防守和混合盯人防守。

(1)人盯人防守

人盯人防守是一种除自由人以外,其他每个队员都有固定盯人对象的防守形式。这种打法突出的特点是,在全场攻守的每一个时间和空间,两两对垒的情况下总是使每一个进攻队员始终处于压力之中。人盯人防守时应注意以下要求:

①要求每一个队员必须具有较强的个人作战能力。

②要求同伴之间要相互协作。当同伴盯人失误时,邻近队员根据场上情况,进行迅速、灵活补位,以保证整体人盯人防守的严密性。

③要求每一个防守队员必须有较强的身体素质。因为在全场范围内,防守队员需始终不停地奔跑和逼抢。

(2)区域盯人防守

区域盯人防守的基本含义是,每一名防守队员占据一定的活动区域,当进攻者进入该防区时,区域防守队员实施严密盯人,以控制进攻者在此区域的一切有效行动。区域盯人打法规定了每一个防守者的明确任务,但同伴之间仍需必要的协作,当某一区域盯人防守失效时,邻近队员应及时补位,被突破防守队员应及时地与他换位,以求整体防守的有效性。

区域盯人防守时要特别注意各区域间交界处的防守,因为这些交界处常常由于防守职责不明确而给进攻者带来可乘之机。

(3)混合盯人防守

混合盯人防守是人盯人防守和区域盯人防守两种形式交织在一起的防守打法。它的最大特点是能根据对手情况,充分灵活地发挥人盯人防守和区域盯人防守的优势,以提高全队防守的效益。混合防守通常是选择体力好、个人作战能力强的队员以人盯人防守盯住对方的核心队员,而其他队员采用区域盯人防守。

2.常用的防守打法

(1)向前逼压式打法

向前逼压式打法是指丢失控球权后,不是回撤消极防守,而是立即对球、对空间进行逼压,降低对方的进攻速度,逼迫对手失误,将球夺回来。

在一场足球比赛中,双方攻守转换的次数为 300 次左右,但只有 15%～20%是死球转让,80%～85%都是经过激烈争夺而获得控球权的。52.5%的进球来自前场重新夺球,29.7%来自中场重新夺球。另外,前场夺球进球可能性是后场的 7 倍[①]。采用向前逼压式打法及时将球夺回来,组织二次进攻,此时是对方防守思想最麻痹、防守行动最迟缓的时刻,反击的成功率也较高。

向前逼压式打法有以下要求:

①由攻转守时,即使中、前场队员体能消耗很大,也要立即就地逼抢,必须具备能攻能守的战略意识。

②保持紧密队形。本队进攻时,前卫、后卫及时压上,这是逼压式打法的基础。只有这样,丢球后才能立即形成有效的防守队形。

③具备良好的体能和顽强的意志。尤其是速度耐力更为重要,能在攻守快速、频繁的转换中全身心地投入攻守活动的全过程。

(2)层次回撤式打法

层次回撤式打法既不同于消极回撤防守,又不同于向前逼压式打法,而是分层次、有步骤、有组织的防守打法。第一层次是在丢球后离球最近的队员立即逼抢,附近队员堵截传球路线,延缓进攻,争取时间;第二层次是其他队员迅速回位,既要选位盯人,又要以球为中心,按场区分主次,组

---

① 谢孟瑶.现代球类运动文化建设与技战术学练指导[M].长春:吉林大学出版社,2017:198.

成相互支持与保护的纵深防守队形和体系;第三层次是在稳固防守的基础上,变被动防守为主动争夺控球权,即变防守为进攻。

(3)快速密集式防守

密集防守是一种缩小防范区域、集中防守主要力量于门前危险地带,仅留1~2名队员于中场附近的防守形式。其主要特点是:防守人数多,可乘空隙小,渗透性进攻配合较难。因此,进攻方破门的难度也相对较大。但此种防守方法会影响由守转攻时的反击速度,所以,就一般情况而言,这种防守打法更多地用于对付明显强于自己的对手。一旦转守为攻,尽量运用长传反击,少运用横传和回传。

快速密集式防守有以下要求:

①当由攻转守时,密集防守的队员必须迅速回防,以布置和站好各自的位置。

②由守转攻时,控球队员应尽可能通过长传为前场队员传球,力求形成出其不意、攻其不备、以快制胜的战术。

三、定位球战术

(一)任意球战术

1.直接射门

无论在场地中间还是两侧,当队员获得任意球的机会时,只要有射门的机会,最好的办法就是直接射门。而随着防守人墙中人数的增加,直接射入对方球门会变得愈发困难。因此,射手更需要掌握高超的踢弧线球技术。同时进攻方队员可采用在对方人墙的两侧或中间"夹塞"的办法,在罚球队员射门时,这些队员迅速让出空当,使射出的球通过空当;或者进攻方安排队员在罚球点自行排成人墙,在射门前阻挡守门员的视线,使其看不清罚球队员的动作。

2.配合射门

在罚球区的侧角和两边,当进攻方无法直接射门时,则应进行配合射门。经常采用的配合射门方式有两种:短传配合和长传配合。但配合的传球次数宜少、宜简,传球和射门的配合要默契。为避开守方人墙,进攻队员可以用假动作分散对方的注意力。

(二)角球战术

1.角球进攻战术

(1)直接传中。由传球技术较好的队员主罚角球,直接将球传向球门区附近,一般有三个威胁落点:一是球门区近角,称为“近端”;二是球门区远角,称为“远端”;三是罚球点附近区域,称为“中间”。为了便于与本方队员联系,罚球队员可以用某种信号予以代替,如出手指“1”表示近端,“2”表示远端等。由头顶球技术较好的队员对传中的球进行冲顶,其他进攻队员冲击包抄,以补射或“捡漏”。

对三个落点的具体选择,取决于攻、守双方的具体情况,如果守方中路防守力量坚强且有身材高大的中卫,那么传球选择“近端”或“远端”可能效果较好;如攻方中路有身材高大的队员且头顶球能力较强,则应选择传“中间”进行强攻。传向中路球的落点应是使对方守门员出击比较困难,但又不要离球门太远的位置,以免本方球员即使顶到球也难以造成较大威胁。

(2)短传配合。在队员 A 主罚角球时,队员 B 快速跑上靠近队员 A,队员 A 短传给队员 B,其中有两个目的:一是缩短再次传中的距离,以提高传中球的准确度;二是在小范围内进行“二打一”再下底线,逼迫对方队员从中路扯出补位,以造成对方中路防守混乱,并即时传中,由中路进攻队员进行冲击射门。

2.角球防守战术

角球防守时应以多防少,少数人留在外线以准备反击。一般由头顶球技术较好的队员把守主要防守区域,并重点盯防进攻一方头顶球有威胁的队员,其他队员进行人盯人防守,站位时要遵循个人站位原则,将攻方人员顶在外线,又不要离球门区太近,以免妨碍守门员的活动。在距对方主罚队员 9.15 米处站一名防守队员,以防止攻方进行战术配合或传低平球;应有一名防守队员站在近端门柱处,以协助守门员防守射向近端的球。

(三)界外球攻守战术

足球比赛中掷界外球的次数很多,特别是在前场的界外球,它已接近了角球对双方所产生的影响和效果,且投掷界外球无越位限制,有利于进攻方的战术配合。

1.掷界外球进攻战术

(1)直接回传:由接球者直接回传给掷球者,由掷球者组织进攻。

(2)摆脱接球:用突然的变速变向摆脱防守,接应或插入接球,展开进攻。

(3)长传攻击:由擅长掷球的队员掷出长传球,同伴在对方门前配合攻击,是经常用的方法。如掷球给跑动中的同伴,接球后用头顶后蹭传球,另两名队员配合同时包抄抢点攻门。

2.界外球防守战术

(1)在掷球局部区域,特别是有可能接球者,要紧盯。

(2)对比较危险的地域和有可能出现的空当要重点防守和保护。

(3)对手在前场掷球时,应采取相应的防守对策,派人在掷球者前面影响掷球的远程和准确性,对重点对象要盯紧,选择防守的有利位置。

(四)球门球战术

1.进攻方法

长传方式:直接将球踢出,组织进攻。

2.球门球的防守

(1)对方用脚发球时要严密控制落点和紧迫盯人,并做好保护。

(2)本队进攻结束,对方踢球门球时,除前锋队员干扰对方配合,延缓进攻速度外,其他队员应回防到位。

（五)点球战术

1.点球进攻战术

主罚队员要沉着机智,有必进的信心,射门时可利用假动作,迷惑守门员。

2.点球防守战术

守门员要有必胜的信心,心理要稳定,要注意观察判断主罚队员的行动。

守门员扑接球一般有三种方法:

(1)根据自己对出球方向的判断进行扑接球;

(2)不管主罚队员射向哪个方向,守门员按自己预想向一侧扑球;

(3)如果守门员扑某一侧较有把握,开始站位可先偏向另一侧,或用假动作迷惑、干扰对手。

第四章　高校足球训练的基本理论

第一节　现代足球运动训练理念

一、足球训练的特点

(一)对抗的真实性较为突出

对抗训练不仅仅是一种攻守对垒的外部形式,而且其以突出对抗的强度和真实性的显著特点,使得运动员在训练过程中能够做到认真,并积极思考所要采取的动作方法,建立心理基础。

(二)快速与简练的有机结合

在足球训练过程中,要求动作不仅要快速,还要简练。具体来说,表现为两个方面:一方面,一次触球的练习增多,很多练习都规定一次触球,养成早观察、快出球的好习惯;另一方面,队员在训练和比赛中盲目地盘带很少,总是简练地尽快处理球。

(三)灵活性与整体性的有机结合

所谓的整体打法,就是以本队队员的身体、技战术等特点为主要依据,而制定出来的一种总体思路和原则。针对不同的战术打法,有针对性地选择合适的队员来充分发挥这一战术打法的最大威力。战术打法确定之后,队员们就要以此为依据相互配合、协作,在比赛场上一定要具有强烈的战术意识、观察能力以及默契程度,具体的路线、配合形式方面不做硬性规定,可以自由发挥。

(四)由局部过渡到整体经过不断的小组训练

逐渐整合为整体战术训练后而逐渐形成的打法,即为整体战术。由小组战术向整体战术过渡的过程中,通过灵活运用场区、人数、目的等进行分队比赛,再加上教练员的科学指导,往往能够取得较为理想的训练效果。

二、足球训练的总体发展思想

(一)足球训练要遵循一定的客观规律

任何事物的发展都要遵循一定的客观规律,足球训练也是如此。随着现代竞技体育运动的不断发展,足球运动也呈现出与以往不同的发展特征。而现代足球的训练要以足球基本特征为依据,科学组织整个训练过程,合理选择训练手段与方法,按照事先制订的训练计划进行训练。在现代足球发展的背景下,运动员不仅要具备出色的体能、较高的技战术水平,还要有出色的战术意识与理解能力以及出色的足球智能。而这些能力的培养和提高都必须建立在一定的客观规律基础之上。在日常的运动训练中,教练员应重点培养运动员的思维能力,不断丰富足球训练的内容,提高运动员的足球智能,促进运动员的全方面发展。

(二)足球训练要注重教育导向

足球训练的主要目的是培养具有优秀品质和出色竞技能力的运动员,因此,在足球训练中不仅要培养和提高运动员的运动水平,还要对其进行人文教育,做到人文教育与运动训练教育相结合。足球训练中的教育导向是指在运动训练时加强运动员的文化素质教育,将训练与教育相结合,从而促进运动员竞技能力的提高。

(三)足球训练要重视培养运动员的兴趣

在足球运动训练中,运动员保持训练的兴趣是非常重要的,这对于运动员训练水平的提高和比赛成绩的取得都有直接的影响。这就要求教练员,尤其是青少年足球教练员在指导运动员进行训练时必须激发运动员的兴趣,使运动员认识到足球是一种快乐的游戏,以积极的心态投入到训练之中。而要想激发和提高运动员参与足球训练的兴趣,就必须要选择合适的训练手段与方法,切实按照运动员的身心发展特点和规律来设计各个训练环节,制订科学、合理的训练计划。总之,在平时的足球训练中,教练员要善于激发运动员参与足球训练的兴趣和动力,将培养运动员的足球兴趣放在重要位置。

(四)足球训练要有阶段性与有序性

1.确立个人训练目标

每名运动员都是不同的,不论是个体身体素质还是技战术能力方面,都会存在一定的差异,因此在平时的训练中,教练员要帮助运动员确立科学的个人训练目标,并要求其按照这一目标进行训练。对于大部分足球运动员而言,可以将总的足球训练目标分为一个个小的短期目标去逐一实现,这是一种可行的足球训练方案,有利于运动员训练水平的逐步提高。

2.短期目标与训练进程相适应

在足球运动中,运动员的发展呈现出一定的阶段性和时期性特征,教练员要科学分析这一规律与特征,并将其充分运用到足球运动训练之中。除此之外,教练员还应注意运动员之间的个体差异性,以及运动员的个体差异和各阶段的训练特征来确定合理的短期训练目标,并同时保证训练的系统性,整个训练系统内的各个阶段要与训练目标、训练内容、训练负荷相适应。

3.训练指导要与运动员的发展需要保持同步

在现代足球高度发展的今天,传统的足球训练模式已很难适应现代化的足球训练,对于青少年足球来说更是如此。对于足球教练员而言,在制订足球训练计划时,要科学审视足球运动训练的环境、设施、手段、模式等,结合运动员的个性特点进行训练。除此之外,教练员制订的足球运动队发展计划也要能适应不同年龄阶段运动员的兴趣和需要,激发其参与足球训练的热情,切实提高运动水平与比赛成绩。

第二节　高校足球训练的原则与方法

一、高校足球训练的原则

足球教练员根据足球运动的客观规律,针对学生运动员的实际情况制订科学、合理的训练计划,对于高校足球运动员的个人能力和球队整体水平的提高有积极的效用。高校足球训练的过程是一项科学全面的系统工程,是一项从易到难、从简到繁、由量变到质变的积累过程。高校足球训练的原则是高校足球运动客观规律的反映,是人们在长期的足球运动实践中经验的总结,是想要达到理想锻炼效果一定要遵循的基本准则。因此,要想使高校足球运动训练顺利进行,并且取得较为理想的训练效果,就必须遵循这些原则。高校足球训练在长期的发展中逐渐总结出了一些原则,主要包括:系统性原则、全面性原则、周期性原则、"三从一大"原则、训练与比赛相结合原则、区别对待原则、积极主动原则、适宜负荷原则、一般训练与专项训练相结合的原则。

(一)系统性原则

高校足球训练的系统性指的是从训练开始的最初阶段到运动员达到一定技术水平并且继续提高运动能力的训练过程中要实现前后连贯、紧密相连的系统训练。高校足球运动的训练实践证明,要想使足球运动员的技术水平和身体素质得到切实提高,从而在足球比赛中有更佳的表现,那么必须经过长时间的系统训练。

现代足球训练中的各个训练阶段以及各个训练阶段的内容都是彼此相关、相互影响和相互促进的。严格贯彻系统训练的原则可以保证足球训练的训练效果,在这个过程中要注意两个方面的内容:一是在高校足球训练的过程中要坚持长时间的系统训练,设置合理的训练阶段,并使得每个训练阶段紧密联系起来而成为一个统一的整体;二是注意在高校足球训练中要使得训练周期和训练阶段有机结合起来,使下一阶段的训练成为上一阶段训练的继续和提高。总之,应使每次训练都能取得良好的训练效果。

(二)全面性原则

足球运动是一项全身的运动。在足球比赛中,身体的各个部位、各器官的功能都得到了发挥,各种身体素质如力量、速度、柔韧性、灵敏度等都得到了体现。在高校足球训练中,就要对这些身体素质都进行科学、合理的训练,从而使运动员的身体素质得到综合的提升。

(三)周期性原则

足球运动的技术一般要经过多次的重复训练才能逐渐掌握、熟练和巩固。足球运动员的身体素质必须通过多次的重复练习才能逐渐发展,足球比赛的成绩必须通过多次的训练才能得到保障。周训练是阶段性足球训练的基本单位,而阶段性训练又是年度训练的基本单位。每个足球运动员都会经历多个这样反反复复的训练周期。足球训练在周期上是一个螺旋上升的过程,经过一个周期的训练,足球运动员的技术水平会得到一定的提高,从而在下一个周期的训练中具备较好的基础,而这个周期的训练也会为下个周期训练提供更高的起点。在周期性训练过程中,运动员的身体素质、技术、战术,以及心理机能、恢复能力和理论知识等方面都会逐渐得到提高。教练员在遵循周期性原则的基础上,还要根据训练者的实际情况和运动水平,有针对性地不断调整训练内容、各方面训练的比重和要求,要做到有针对性的地制订训练计划,而不是在不同的周期只简单地进行重复,应该循序渐进,逐渐提高。

(四)"三从一大"原则

高校足球训练要秉持"三从一大"原则,这是从我国高校足球训练的多年实践经验当中总结出来的重要原则之一,对于提高高校足球运动水平具有重要的影响。

"三从"指的是"从严、从难、从实战需要出发"。训练要求"从严、从难",这就需要对运动员进行严格要求、严格训练,对运动员的技术水平和身体各项素质都提出更高的要求,以便于激发出运动员的最大潜力;"从实战需要出发"就是要求足球训练的安排要严格遵循足球运动比赛的规律,根据比赛对手的特点,根据本方队员的各自身体特点和技术特点进行有针对性的训练提高,并且要从实战需要出发,制订合理的训练计划,以便在比赛中可以取得良好的成绩。

"一大"是指"进行大运动量的训练"。具体说就是要进行有效的大负荷训练,通过加大训练量激发运动员的运动潜质,提高运动员的技术素质和身体素质。这是进行科学训练的必由之路。

(五)训练与比赛相结合原则

足球运动是一项注重比赛的项目,比赛成绩不仅是运动的目的之一,在比赛中也可以发现训练中的问题,从而指导训练。因此,高校足球训练要和比赛结合起来进行,使得比赛指导训练,同时训练可以有针对性地为比赛服务。

在高校足球运动中,各个训练周期的主要任务不同,比赛次数也要不同,比赛和训练的关系要安排得当。要使得训练与比赛相辅相成,相互促进。在实际操作中,初学者和技术水平不高的足球队应该以训练为主,要在训练中打好基础,尽量不要安排过多的比赛,以免影响他们训练的积极性。

训练与比赛相结合是指在高校足球运动训练的整个过程中,技战术的训练要符合足球比赛的实际需要,通过训练与比赛发现问题,促进技战术水平的提高。足球训练的目的就是为了比赛。足球训练的任务就是创造条件、改变条件、变换环境、增强实力,以在比赛中获得更加优良的表现和理想的成绩。

(六)区别对待原则

区别对待就是具体问题具体分析,这就要求足球教练员在日常训练中要根据运动员的个人特点和身体素质,如年龄、性别、身体条件、承担负荷的能力、技术水平和心理品质、文化程度等方面,有针对性地制定训练任务、选择训练方法、手段和安排运动负荷。

不同的运动员由于性别、年龄等,具有不同的身体素质,也就有不同的运动能力。这些都会影响到运动员技战术水平的发挥和提高。如果对不同的运动员采取同一种训练方法,就很难取得应有的训练效果,造成资源和时间的浪费。在训练的过程中,每个运动员的起点不同,进步速度不同,随着训练的进行,他们的身体素质和技战术水平发生的变化也各异,这就要求教练员不停地针对实际情况进行科学、合理的调整。

为了能够更好地在高校足球训练中贯彻实施区别对待原则,在足球训练过程中,有两个方面的事项需要注意。

(1)教练员要对运动员的实际情况进行深入细致的了解,包括运动员的身体素质、技术水平、年龄、学习能力等。教练员在训练过程中要建立丰富的资料库,监测运动员的身体素质及技战术的发展变化水平,做到真正了解每一个运动员。

(2)训练中要兼顾运动员个人素质的提高和球队整体水平的提高,根据球队的需要和运动员的个人水平,制订合理的训练计划。在全面了解全队和每个人的基础上,充分反映全队的特点和个人的特点。

(七)积极主动性原则

足球运动的训练过程是个长期而艰苦的过程,在训练中会遇到各种困难,如果运动员的训练目的不明确,没有主动积极地参与训练,就很容易产生退却的心理,甚至会导致训练的半途而废。要想在高校足球训练过程中更好地贯彻积极主动的原则,要求做到以下两个方面。

(1)足球运动员明确自己参加足球运动训练的目的,明确自己参加的动机,端正自己的训练态度。

(2)要使运动员真正对足球运动产生兴趣,把被动地接受训练变成主动要求训练。良好的兴趣激励会使得运动员的身体机能上升,产生身体上的良性循环,使运动员体内血糖上升、肌肉力量增加,会使得运动员的精神更加饱满,精力更加充沛。

(八)适宜负荷原则

适宜负荷原则指的是高校足球运动员在进行训练的过程中要根据训练任务、训练水平和训练要求,科学合理地在各个训练环节中逐渐增加负荷量,直至达到最大负荷要求。其在很大程度上影响着训练的最终效果。在具体实行的过程中,要注意两个方面:一是要根据训练的实际情况考虑运动负荷的安排;二是在训练过程中,要明确知道运动负荷的提高过程,运动负荷会经过增大—适应—再增大—再适应的螺旋提高过程。

高校足球教练员在制订足球训练计划时,要合理考虑适宜负荷原则,既不能因为负荷太小而达不到应有的训练效果,也不能因为运动负荷过大而对运动员的身体造成损害。适宜负荷原则要求合理考虑运动员在不同训练阶段身体素质水平的发展情况,以及对负荷强度和负荷量的承受能力,在此基础上确定适宜负荷。训练中运动负荷的增大必须是循序渐进的。在增大运动负荷的过程中要处理好负荷量和负荷强度的关系,同时处理好运动负荷与恢复的关系。另外,训练中运动负荷的增加必须达到极限,这样才可以最大限度地提高运动员的身体素质和技术水平。

(九)一般训练与专项训练相结合原则

足球训练中的一般训练是指通过多种多样的身体训练来提高运动员各器官系统的机能,全面发展运动员的运动素质,改进身体形态和一般心理品质的训练。专项训练指的是在足球训练中更加侧重足球专项技术动作、战术方法的训练。一般训练与足球专项训练联系紧密,是不可分割的整体。

一般训练和专项训练相结合原则,就是指在高校足球训练的过程中,要根据足球运动的专项特点、运动员的训练水平和不同训练时期、阶段的训练任务,适当地安排一般训练和专项训练的比重。要根据不同层次足球运动员的训练水平、足球训练的专项特点和训练任务,有比例地进行安排。同时,在不同的训练阶段,对于一般训练和专项训练比重的安排也有所差别。一般主要有两种情况:一是在多年训练的基础训练和专项提高阶段,训练大周期的准备期的第一阶段和过渡期、恢复调整的小周期,就需要安排一般训练的比重大一些;二是如果在比赛阶段,那么就需要根据实际情况和需要安排专项训练的比重大一些。

二、高校足球训练的方法

高校足球训练一般根据人体的生理特点,从运动员实际练习经验来总结训练最科学、合理的发展方式。一般现在通用的、被实践证明合理有效的方法有以下八种。

(一)循环训练法

循环训练法就是足球运动员按照预先设计好的顺序进行训练,所有训练项目做完之后再从头开始,运用循环往复的方式周而复始地进行练习。运动员应该按照预先设定的要求在各个练习点进行练习,当一个阶段的训练完成之后马上进入下一个阶段的练习,当完成所有的练习之后就算是完成了一次循环。

循环训练法既是足球专项训练的方法,也可以用于一般训练。它可以有针对性地、系统地、有序地进行两臂、两腿、腹部、背部等部位的训练。循环训练法的每项训练内容都有其固定的要求和负荷参数,故而可以根据训练重点的安排、练习内容及循环顺序、每站练习的负荷量和强度、站与站每次循环之间的间歇时间、站的数量和循环的次数等,分为多种不同的练习形式。

高校足球训练在进行循环训练时应注意以下三个方面。

(1)在制订循环训练的计划时,要以训练的既定目的作为依据,主要突出训练的重点,并且所制订的训练内容应该是运动员已经掌握的技能,内容顺序应根据练习对各器官系统和肌肉部位的不同要求而交替安排,训练的节点一般应该安排 7～10 个。

(2)在进行循环训练时要特别注意对运动负荷进行合理的安排。练习负荷的安排要从每站练习的数量、强度、间歇时间、循环次数等全面考虑。每站的负荷一般为受训练者所能承担最大负荷的一半。循环一周的时间可以设定为 5～20 分钟,各站之间间歇一般不超过 20 秒。

(3)在训练中要通过不同的组合方式使训练尽量呈现出多样性,要合理安排运动的内容和强度。可根据运动员的不同情况,安排各种形式的循环练习。

(二)重复训练法

重复训练法就是在足球训练过程中,在不改变动作结构和运动量的情况下,在相对固定的条件下,对某一个动作或某一项技战术进行重复练习的方法。一般来说,重复训练法可以分为两种,即连续重复训练法和间歇式重复训练法。在实际高校足球训练中,通过重复训练可以使足球运动员对某项技术动作形成条件反射,也更容易在激烈的比赛中形成稳定的发挥,而且经过重复训练,运动员对于技术动作会形成较大的信心。

在进行重复训练时,关键是要掌握好训练负荷的有效价值范围,并以此为依据对重复次数进行合理的调整。重复次数越多,身体对运动反应的负荷量就会越大。如果重复次数不断增加,可能会使身体承受的负荷达到极点,最后可能会破坏机体的正常状态,导致身体受伤害。

在进行高校足球训练过程中,运用重复训练法应注意以下三个方面。

(1)重复练习是一项一直重复某一动作的过程,由于练习的枯燥,在练习过程中很容易产生乏味厌烦的情绪,这时就应该利用一些游戏或者小比赛的手段提高运动员的练习兴趣。

(2)重复练习要严格按照技术规范进行,所以要求练习要准确,如果运动员连续出现错误动作,就应该停止练习,以防止形成错误的动力定型;重复练习对于负荷强度要求不高,但是对于重复次数有较高的要求,必须保证练习可以使运动员某一项动作完全掌握以至于定型才可以。

(3)运用重复训练法进行身体素质训练时,要根据运动员的实际情况,有针对性地确定练习数量、负荷强度、重复次数。对于身体素质较差的运动员应该适当降低要求,在训练过程中逐步加强练习的次数,逐渐提高训练水平。

(三)变换训练法

变换训练法就是在高校足球训练中通过变换运动员的运动负荷、练习内容、练习形式以及条件,来提高练习者积极性、趣味性、适应性及应变能力的训练方法。运用变换训练法能够有效地提高机体对比赛的适应能力,改进提高运动技术与战术,以及提高身体素质训练水平,克服练习时所产生的单调枯燥感,提高对练习的兴趣和进行练习的积极性。高校足球训练所用的变换训练方法主要有改变负荷变换法、改变动作组合变换法、改变练习环境和条件的变换法等。

在进行高校足球训练时,运用变化训练法进行训练时,要注意以下几个方面的问题。

(1)在足球运动训练中,运用变换训练法时,要根据训练的具体目标,有目的地变换练习的运动负荷、技术动作的组合、练习的环境和条件等。

(2)根据训练计划的基本内容灵活采用合理的变换条件,要有利于技术、技能的巩固和身体素质的发展。

(3)在进行技术训练时,在采用变换训练法达到训练目的后,要注意及时恢复到正常情况下的练习,及时纠正错误动作,增加或减少练习的重复次数与调整间歇的时间。

(4)要根据实际情况不断调整训练的负荷,在训练中逐步增加练习的数量,提高练习的强度。

(四)间歇训练法

间歇训练法就是指在足球运动训练中,运动员按照规定完成一定强度的训练之后,要按照严格的时间和休息方式进行休息,不等待机体机能完全恢复的情况下,就进行下一次练习的训练方法。

间歇训练法能有效地提高呼吸和心血管系统的机能。它与重复训练方法的关键区别在于,间歇训练每次练习的间歇时间有严格规定,要在运动员机体机能能力未完全恢复的情况下就开始下一次练习;而重复训练的间歇时间是在运动员机体机能能力基本恢复的情况下才进行下一次的练习。

在进行高校足球训练时,可以根据实际训练强度和运动员不同的身体素质合理安排间歇时间。高校足球运动的训练过程中,如果使用间歇训练法,有几个问题需要注意。

(1)间歇训练方案的制订要以训练任务为主要依据。间歇训练法由每次练习的数量、负荷强度、重复次数、间歇时间及休息方式五个要素组成。这五个要素之间是相互影响、相互制约的,因此在变换或调整某一要素的参数时,要充分考虑其他因素的影响。

(2)在间歇训练方案确定后,应经过一段时间的训练,使运动员有了适应和提高后,要根据运动员的实际锻炼效果适时地进行调整变换。

(3)间歇训练的间歇时间和训练的运动负荷,要依据运动员个人的具体情况进行确定。通常情况下,间歇与训练之间的转换应该是:当心率在每分钟 160~180 次时,进行间歇;而当心率恢复到每分钟 120~130 次时,就要进行下一次训练。

(五)持续训练法

持续训练法一般针对的是训练中需要较长时间的坚持训练才能达到效果的练习,这种练习需要一定的运动负荷强度,较长的负荷时间,无间断地连续进行。足球训练中的持续训练法一般会以锻炼时间的长短为主要划分依据,一般将持续训练法分为短时训练法、中时训练法、长时训练法三种基本类型。

高校足球训练如果采用持续训练法,需要注意:在制订持续训练方案时要考虑到,由于持续训练的时间较长,练习量较大,因此强度不宜太大。

(六)竞赛训练法

竞赛训练法是一种比较有激励性质的训练方法,一种具有组织竞争性的、有胜负结果的、以最大强度完成的足球训练法。通过足球竞赛发现平常训练中不易发现的问题,从而有针对性地提高运动员的足球技战术水平,综合提高高校足球队的技术水平。在足球训练的实践中,根据竞赛内容的不同,一般可以将竞赛训练法分为教学竞赛、检查性竞赛、适应性竞赛等。

足球运动员可以在竞赛中发现问题,交流经验,提高技战术水平,同时还能锻炼运动员的心理承受能力,培养运动员坚强的意志品质。通过足球比赛,运动员对于平时训练练习的技战术的综合运用能力会提高。

高校足球运动在使用竞赛训练法进行训练时,要注意几个方面的问题：

（1）竞赛中要根据运动员的实际情况确定运动负荷，分配比赛位置要根据专项训练的需要，选择适合运动员特点的竞赛内容和形式。

（2）采用竞赛训练时，教练员既要注意引导运动员发挥自己的特长，又要秉公执法，严格执行比赛规定，及时引导和教育学生不要有违规行为出现，提高他们的自我控制能力，培养优良体育作风。

（3）在训练过程中，要准确把握时机，在运动技能尚未形成之前和疲劳时，不宜采用竞赛法，以免影响刚刚形成而尚未巩固的动作技术，也可以防止伤害事故的发生。

（七）游戏训练法

游戏训练法就是采用游戏的方式来进行足球训练的方法。这种方法可以最大限度地调动运动员的训练积极性，愉悦身心，在嬉笑娱乐中达到训练的目的。游戏训练法的运动负荷要根据训练者的实际情况的不同而随之改变。游戏训练法要注意游戏的多样性和趣味性，这是取得理想训练效果的重要保障。

（八）综合训练法

在一次训练中把循环训练法、重复训练法、变换训练法、间歇训练法、持续训练法当中的两种或两种以上结合起来使用，或者在一组训练中安排各种技术训练、体能训练等多种内容的训练方法，就是所谓的综合训练法。在高校足球训练中运用综合训练法时，各训练法的组合运用要根据个人的实际情况和锻炼任务来决定。

第五章　高校足球运动训练实践

第一节　足球运动员的体能及训练

一、足球运动员的准备活动

准备活动是指在比赛、训练前和体育课的基本部分之前,为克服内脏器官生理惰性,缩短进入工作状态时程和预防运动创伤而有目的地进行身体练习,为即将来临的剧烈运动或比赛做好准备。

目前,在高水平足球队中采用的准备活动方式主要有两种:第一种是无球准备活动;第二种是有球准备活动。

(一)无球进行准备活动

这种准备活动一般应按以下步骤进行:

(1)慢跑几分钟,让身体发热。

(2)在身体发热的基础上,进行各主要关节的活动。

(3)对参与运动的主要肌群进行牵拉。根据研究及各国运动员的实践,在准备活动中,牵拉练习应当以动力性牵拉为主,如踢腿、扩胸、振臂等,不要过多地进行较长时间的静力性牵拉练习。静力性牵拉练习的时间过长,可降低神经系统的兴奋性,降低组织温度;长时间的静力性牵拉,还可导致肌肉过于放松,使肌肉的工作能力下降。

(4)在此基础上,开始专项活动,其强度也应由小到大逐渐增加,这样做不仅可以提高训练效果,而且可以有效减少伤害事故的发生。

(二)结合球进行准备活动

这种准备活动一般应按以下步骤进行:

(1)在慢跑中进行颠球、运球和传接球练习,让身体发热。

(2)在身体发热的基础上,结合球进行各主要关节的活动。

(3)结合球对参与运动的主要肌群进行牵拉(以动态牵拉练习为主)。

需要注意的是,准备活动的量,应根据个人的机能状况、气象条件、锻炼的具体情况而定。在兴奋性较低或气温较低时,准备活动的时间应适当延长。准备活动一般以身体发热、微微出汗、没有疲劳感觉为宜。另外还应注意,准备活动的结束与正式训练开始之间的时间间隔不要太长,一般为1~4分钟,不要超过5分钟。

二、足球运动员力量素质及其训练

(一)定义

力量素质是指人体神经肌肉系统在工作时克服和对抗阻力的能力。肌肉工作时以收缩产生的拉力克服阻力。足球运动员克服的阻力包括外部阻力和内部阻力。

(二)分类

力量素质有很多种分类方法,这里将主要根据运动时肌肉收缩形式的不同进行分类,可以分为静力性力量和动力性力量。动力性力量又可分为重力性力量和速度性力量,足球运动员的速度性力量占有显要地位。一名运动员不仅要克服自身重量和来自对手施加的力,而且还要克服球体和不同场地、气候等所产生的阻力。

速度性力量,通常也称为爆发性力量,即爆发力=力量×速度。足球运动员的爆发性力量在比赛中处处可见,如不同姿势和方向的快速起动跑、快速长距离的传球和大力远距离的射门、跨步或倒地铲球以及跃身跳起争顶传球等。

(三)影响力量素质的因素

力量大小主要与骨骼肌的特点有关,其中包括肌肉的生理横断面、肌纤维类型、肌肉初长度、各肌肉间的协调活动程度。此外,肌肉力量大小还与神经过程的灵活性等有关。

1.肌肉横断面

肌肉横断面是指一块肌肉中所有肌纤维横断面积之和。肌肉生理横断面越大,肌肉力量就越大。生理横断面积大,主要与肌纤维增粗有关,其增粗主要原因是其中肌凝蛋白含量增加,当肌肉收缩时使更多的横断面产生较大的平行拉力,力量就变大。

2.肌纤维类型

肌纤维按收缩特性可分为快肌(白肌)纤维和慢肌(红肌)纤维两种。快肌纤维收缩速度快,且产生的张力也大,慢肌纤维则反之。研究表明,快肌纤维大于60%的人,在同一速度情况下,要比快肌纤维小于50%的人肌肉力量超出15%[①]。

3.肌肉的初长度

肌肉的初长度是指肌肉在收缩前的长度。实验表明,肌肉的初长度决定了力量的大小。肌肉的初长度越长,收缩时产生的张力就越大。因为肌肉长度不同时,肌纤蛋白和肌凝蛋白的重叠程度不同,所以,重叠越大,力量就越大。

4.各肌肉间的协调活动程度

当运动员在完成不同的动作时,总存在着主动肌、对抗肌、协作肌和助动肌等肌群间相互作用,其机制是支配某肌群活动的运动中枢处于兴奋状态,同时支配某肌肉群活动运动中枢处于抑制状态,使各肌肉群达到良好的协调配合程度,以提高肌肉工作效率。

5.神经过程的灵活性

灵活性即兴奋与抑制的相互转换的速度。当神经过程的灵活性提高时,肌肉收缩速度则会加快,速度性力量也就会增强。

(四)足球运动员力量素质的训练原则

1.速度性力量

(1)运动强度:75%～90%。

(2)练习时间:5～10秒。

(3)间歇时间:以完全恢复为宜。

(4)练习次数:4～6次。

---

① 全国体育学院教材委员会审定.运动生理学[M].北京:人民体育出版社,1990:219.

(5)练习组数:3~4组。

2.力量耐力

(1)运动强度:60%~70%。

(2)练习时间:15~45秒。

(3)间歇时间:一般心率要恢复到120次/分左右(45~90秒)。

(4)练习次数:20~30次。

(5)练习组数:3~5组。

(五)足球运动员力量素质的训练方法

在足球运动员力量素质训练中,常采用的训练方法有如下几种。

1.动力性等张收缩训练

人体相应关节运动,肌肉张力不变,改变长度产生收缩力克服阻力的训练为动力性等张收缩训练。动力性等张收缩可以分为向心克制性及离心退让性两类工作形式。

(1)动力性向心克制性工作

肌肉在做动力性向心克制性工作时,肌肉长度逐渐缩短,所产生的张力随着关节角度的变化而改变,因此,练习时根据专项运动的需要,掌握好发挥最大肌力的关节角度,可得到事半功倍的训练效果。

(2)动力性离心退让性工作

肌肉的退让性工作是指肌肉在紧张状态中逐渐被外力拉长的工作,即肌肉的起止点彼此向分离方向移动,故又称离心工作。实验表明,肌肉做离心收缩时所产生的张力比肌肉做向心收缩时所产生的张力大40%[①]。股四头肌做离心收缩时所承受的负荷是做向心收缩时所承受负荷的两倍。

2.静力性等长收缩训练

在身体固定姿态下,肢体环节固定,肌肉长度不变,改变张力克服阻力的练习方法,称之为静力性等长收缩训练。

肌肉做静力性收缩时,可以动员更多的肌纤维参与工作,表现出的力

---

① 周跃,毛一波,李玮.新编高等职业院校体育与健康基础教程[M].昆明:云南大学出版社,2021:63.

量大,力量增长也快,有助于节省训练时间。但是由于肌肉紧张,血管封闭,肌肉中血液循环可发生不同程度的暂时中断,因而工作不能持久。

在足球比赛中,运动员的静力性力量工作或姿势很少出现或使用。但是在运动员损伤后的恢复期,常常使用静力性力量训练来提高力量,促进机体能力的恢复。

3.超等长收缩训练

超等长练习时先使肌肉做离心收缩,然后接着做向心收缩。利用肌肉的弹性,通过牵张反射,加大肌肉收缩的力量。

超等长收缩的优点在于,在做离心收缩工作时,肌肉被迅速拉长,它所受到的牵张是突然而短促的,肌肉各个牵张感受器同步地受到刺激,产生的兴奋高度同步,强度大而集中,能动员更多的运动单位同时参与工作,使肌肉产生短促而有利收缩。

超等长练习与其他力量练习相比,更接近比赛时人体的运动形式,肌肉发力突然,技术结构相似,传递速度快,因而可得到更好的训练效果。因此在足球力量训练中常常被采用,如各种跳跃练习。

三、足球运动员速度素质及其训练

(一)定义

速度素质是指人体快速运动的能力,包括人体快速完成动作的能力和对外界信号刺激快速反应的能力,以及快速位移的能力。

(二)分类

速度素质包括反应速度、动作速度和移动速度。

反应速度是指人体对各种信号刺激(声、光、触等)快速应答的能力。反应速度表达着足球运动员在场上对各种刺激所做出反应的快慢。在瞬息万变的足球场上,运动员必须针对每一个新的变化及时而准确地做出应答性反应,据此采取相应的对策和行动,从而始终处于主动地位。

动作速度是指人体或人体某一部分快速完成某一个动作的能力。动作速度日趋加快是足球运动员的速度特征之一,表现在运球、传球、射门单个技术动作等完成时间缩短了,运球—传球、接球—运球—射门等多元组合技术动作等完成时间也缩短了,使对手防不胜防。但是也应该看到,足球运动员在比赛中动作速度不是一味地快,而是根据比赛情境的不同,常常也做些慢速动作。这种动作速度的节奏性是由足球比赛的竞技特点所决定的。

(三)影响速度素质的因素

1.中枢神经系统的机能状态

中枢神经系统的机能状态与速度特别是与反应速度有密切的关系。良好的兴奋状态及其灵活性,能够加速机体对刺激的反应,使效应器由相对安静状态或抑制状态迅速转入活动状态。当足球运动员处于良好的赛前状态时,反应会缩短。

2.运动条件反射的巩固程度

随着运动技能的日益熟练,反应速度加快。研究发现,通过训练,反应速度可以缩短11%～25%[①]。而在完成工作过程中,运动技能越熟练,动作速度也越快。

3.肌纤维类型

肌肉中快肌纤维占优势是速度素质重要的物质基础之一。快肌纤维百分比越高且快肌纤维越粗,肌肉收缩速度则越快,运动员的动作速度和移动速度就越快。

4.肌肉力量

肌肉力量越大,越能克服肌肉内部及外部阻力而完成更多的工作,所以,肌肉力量大,运动员的动作速度和移动速度也越快。

(四)足球运动员速度素质的训练原则

1.运动强度:95%～100%。

2.练习时间:3～5秒(5～40米)为宜。

3.间歇时间:完全恢复(脉搏由180次/分下降至80～90次/分),再进行下次练习。

---

① 谢敏豪.运动员基础训练的人体科学原理[M].北京:北京体育大学出版社,2005:123－124.

4.练习次数:6～8次。

5.练习组数:3～5组。

(五)足球运动员速度素质的训练方法

1.反应速度训练方法

(1)信号刺激法

利用突然发出的信号提高运动员对简单信号的反应能力。

(2)运动感觉法

运用运动感觉法一般要经过三个阶段。第一个阶段是让运动员以最快的速度对一个信号做出应答反应,然后教练员把所花费的时间告诉运动员;第二个阶段先让运动员自己估计做出应答反应花费了多少时间,然后教练员再将其与实际所用的时间进行比较;第三阶段是教练员要求运动员按事先所规定的时间去完成某一反应的练习,这种练习可以提高运动员对时间判断的能力,促进反应速度提高。

(3)移动目标的练习

运动员对移动目标能迅速地做出应答,一般要经过看(或听)到目标移动所发出的信号,判断目标移动的方位及速度,运动员选择自己的行动(应答)方案和实现行动方案四个步骤。随着训练水平的提高,在目标移动的设计上可加大难度,如提高目标移动速度、缩短目标与运动员之间的距离等。

(4)选择性练习

具体做法是,随着各信号复杂程度的变化,让运动员做出相反的应答动作。如教练员喊蹲下同时做下蹲动作,运动员则站立不动;教练员喊向左转,运动员则向右转。

2.动作速度训练方法

(1)借助信号刺激提高动作速度

如利用同步声音的伴奏,使运动员伴随着声音信号的快节奏做出协调一致的快速动作。

（2）缩小完成练习的空间和时间界限

这是因为快速动作的完成与持续练习的时间长短有关，也与完成动作活动范围（空间）大小有关，从而有利于提高运动员完成动作的速度。

（3）借助外界力量减小阻力

如下坡跑或顺风跑，根据队员和环境情况，采用不同身体姿势，听到信号后突然加速跑动。

（4）专门性的步法练习

如快速小步跑、高抬腿跑、滑步等，都可以提高运动员的动作频率。

3. 移动速度训练方法和手段

（1）原地不同姿势的起跑（5～30米），如站立式、蹲踞式、侧身站或半蹲、背向、坐地、俯卧、仰卧、原地小步跑、跳跃等，听到信号后突然跑出。

（2）结合球的速度练习，如短距离的带球跑、插上追球跑、套边传球跑，以及两人追球后得球者射门等。

（3）结合游戏的速度练习，以游戏性质进行有球或无球的短距离固定方向或不定方向的起动跑。

（4）竞赛性速度练习，以个人或小组形式的竞赛跑或接力性竞赛跑进行速度训练。

四、足球运动员耐力素质及其训练

（一）定义

耐力素质是指有机体坚持长时间运动的能力。足球比赛规定比赛时间为90分钟，如果按照规程规定必须决出胜负，双方可能还要进行30分钟的加时赛，甚至还要进行点球决胜，所以足球运动员要在比赛的全过程中保持特定的运动强度或动作质量，就必须具有良好的耐力素质，就必须具备能与在持续运动过程中不断积累和加深的疲劳做斗争的能力。

（二）分类

按照人体的生理系统来分，耐力素质可以分为肌肉耐力和心血管耐力。肌肉耐力又称为力量耐力,心血管耐力又分为有氧耐力和无氧耐力。这里主要阐述心血管耐力中的有氧耐力和无氧耐力。

（1）有氧耐力

有氧耐力是指机体在氧气供应比较充足的情况下,能坚持长时间工作的能力。从足球运动员全场比赛时间看,是一种典型的有氧耐力活动形式。

（2）无氧耐力

无氧耐力又叫速度耐力,它是指机体以无氧代谢为主要供能形式,坚持较长时间工作的能力。

（三）影响耐力素质的因素

1.有氧耐力的影响因素

（1）心肺功能

心肺功能是有氧耐力素质的重要基础。有氧耐力是建立在氧供应充足的基础上的,而心脏的泵血机能和肺的通气与换气机能都是影响吸氧能力的重要因素,因此,良好的心肺功能是运动中供氧充足的保证。

（2）肌纤维类型及其代谢特点

肌组织利用氧的能力与有氧耐力密切相关。肌纤维类型及其代谢特点是决定有氧耐力的重要因素。实验表明,耐力好的运动员慢肌纤维百分比高,同时还伴有肌红蛋白、线粒体及其氧化酶活性和毛细血管数量增加等方面的适应性变化。

（3）中枢神经系统机能

大脑皮质神经细胞对刺激的耐受力和神经过程的稳定性在很大程度上影响着有氧耐力,同时各中枢间的协调性使运动中枢的兴奋与抑制过程更加集中,各肌肉群之间以及各肌肉群与内脏器官更加协调一致,从而提高肌肉活动的机械效率,节省能量消耗,保证长时间的肌肉活动。

2.无氧耐力的影响因素

（1）肌肉内无氧糖酵解供能能力

肌糖原含量及其无氧酵解酶的活性决定着肌肉内无氧糖酵解供能能

力,也对运动员的无氧耐力具有重要的影响。

(2)缓冲乳酸的能力

肌肉无氧酵解过程产生的乳酸进入血液后,将对血液 pH 值造成影响。但是由于缓冲系统的缓冲作用,使血液的 pH 值不至于发生太大的变化,以维持人体内环境的相对稳定性。因此,机体缓冲乳酸的能力在很大程度上影响着运动员的无氧耐力。

(3)脑细胞对酸的耐受力

尽管血液中的缓冲物质能中和一部分进入血液的乳酸,减弱其强度,但由于进入血液的乳酸量大,血液的 pH 值还会向酸性方向发展,加上因供氧不足而导致代谢产物的堆积,都将会影响脑细胞的工作能力,促进疲劳的发展。因此,脑细胞对这些不利因素的耐受能力,无疑也是影响运动员无氧耐力的重要因素。

(四)足球运动员耐力素质的训练方法

1.持续训练法

持续训练法是指负荷强度较低、负荷时间较长、无间断地连续进行练习的训练方法。持续训练法主要用于发展一般耐力素质,可提高有氧代谢系统供能能力以及该供能状态下有氧运动强度。

2.间歇训练法

间歇训练法是指对多次练习时间歇时间做出严格规定,使机体处于不完全恢复状态下,反复进行练习的训练方法。间歇训练不仅可以使运动员的心脏功能加强,而且能够使运动员的有氧或无氧代谢供能能力得到有效提高。

3.循环训练法

循环训练法是根据训练的具体任务,将练习手段设置为若干个练习站,运动员按照既定顺序和路线,依次完成每站练习任务的训练方法。练习内容设定为练习站并编排成组合技术进行循环持续低强度或循环间歇大强度练习,可以提高运动员的有氧耐力和无氧耐力。

(五)足球运动员耐力素质的训练手段

1.有氧耐力训练手段

(1)匀速持续跑

心率控制在 150 次/分左右,时间坚持在 1 小时以上,这种练习节省体力、效果好。

(2)越野跑

练习时间为 1.5～2 小时,跑的速度可匀可变。在自然环境中练习可提高运动员的兴趣,有利于减轻疲劳感。

(3)变速跑

为发展运动员的有氧耐力水平,可广泛使用变速跑,负荷强度可从较小强度提高到较大强度,持续时间在半小时以上,使用变速跑可提高运动员比赛的适应能力。

(4)间歇跑

不同距离的间歇跑,如 100 米、200 米、400 米、600 米等,时间最好不要超过 2 分钟,间歇时间以队员不完全恢复,心率恢复到 120 次/分左右即可进行下一次练习,在间歇期采用积极的休息方式,整个练习时间应在半个小时以上。

2.无氧耐力训练手段

(1)变速跑

可以采用走、慢跑和冲刺跑的方式。

(2)多组追逐跑

可以采用在固定场区内队员相互追逐的形式来提高无氧耐力,注意要进行多组练习。

(3)定时定距离跑

如采用 80 秒内完成 400 米距离跑等。

(4)有球练习

如快速地传接球、射门等。

五、足球运动员柔韧素质及其训练

(一)定义

柔韧素质是指人体关节在不同方向上的运动能力以及肌肉、韧带等软组织的伸展能力。柔韧素质通过关节运动的幅度,也就是按一定的运动轴产生转动的活动范围而表现出来。

(二)分类

柔韧素质分为一般柔韧素质和专门柔韧素质。

一般柔韧素质是指机体中最主要的那些关节活动的幅度,如肩、膝、踝等关节活动的幅度。这对任何运动项目都是必要的。

专门柔韧素质是指专项运动所需要的特殊柔韧性,是掌握专项运动技术必不可少的重要条件。

(三)影响柔韧素质的因素

1.关节的构造及其周围组织的伸展性

关节活动幅度的大小与关节的解剖结构特点、关节周围组织的体积以及髋关节的韧带、肌腱、肌肉和皮肤的伸展性等生理状况有关。

关节面结构是影响柔韧性的重要因素,主要由遗传因素决定,但训练可以使关节软骨增厚。关节周围体积过大,如皮下脂肪含量或结缔组织过多,都将影响邻近关节的活动幅度,使柔韧性降低。肌肉及韧带组织的伸展性取决于年龄和性别等因素,并与肌肉温度有关,通过准备活动可使肌肉温度升高,降低肌肉内部的黏滞性,加大伸展性,有利于柔韧性的提高。

2.神经系统对骨骼肌的调节能力

神经系统对骨骼肌的调节能力,尤其是主动肌与对抗肌之间协调关系的改善,以及肌肉收缩与放松调节能力的提高,可以减少由于对抗肌紧张而产生的阻力,有利于增大运动幅度。

(四)足球运动员柔韧素质的训练原则

(1)运动强度:开始以中等强度为宜,最后可达80%以上。

(2)练习时间:每次控制在 10～20 秒,时间不宜太长。

(3)间歇时间:完全恢复为宜,期间可做积极性放松活动。

(4)练习次数:5～10 次。

(5)练习组数:3～5 组为宜。

(五)足球运动员柔韧素质的训练方法

柔韧素质训练基本上采用拉伸法,分为动力性拉伸法和静力性拉伸法。

1.动力性拉伸法

是指有节奏地、通过多次重复同一动作的练习使软组织逐渐地被拉长的练习方法。动力性拉伸法可分为主动拉伸和被动拉伸两种。

2.静力性拉伸法

是指先通过动力性拉伸缓慢的动作将肌肉等软组织拉长,当拉伸到一定程度的时候要暂时静止不动,使这些软组织得到一个持续被拉长的机会的练习方法。

(六)足球运动员柔韧素质的训练手段

(1)单人或双人的各关节伸展练习,如膝关节、踝关节、肩关节的伸展练习。

(2)采用拉长肌肉、韧带、肌腱等结缔组织的手段,如踢腿、压腿等练习手段。

(3)模仿和结合球的练习,如大幅度振摆、摆踢腿、侧身凌空传、射、倒勾球、跳起展腹头顶球等。

六、足球运动员灵敏素质及其训练

(一)定义

是指在各种突然变换的条件下,运动员能够迅速、准确、协调地改变身体运动的空间位置和运动方向,以适应变化着的外部环境的能力。

(二)定义分类

灵敏素质可分为一般灵敏素质和专门灵敏素质两类。

一般灵敏素质是指在完成各种复杂动作时所表现出来的适应性变化着的外部环境的能力。专项灵敏素质是运动员在专项运动中,迅速、准确、协调自如地完成本专项各种技术动作的能力。

(三)影响灵敏素质的因素

1.大脑皮层神经过程的灵活性及其分析综合能力

大脑皮层神经过程的灵活性及分析综合能力是灵敏素质的重要生理基础。神经过程的灵活性好,兴奋与抑制转换得快,才能使机体在内外环境条件发生变化时迅速地做出判断和反应,并根据当时的情况及时调整和修正动作。

2.各感觉器官的机能状态

在完成动作过程中,需要运动员具有良好的感觉机能,表现为动作准确,变换迅速,并且在空间和时间上表现出准确的定向能力,这就要求各种感觉器官,如视觉、听觉、位觉和本体感觉等器官具有极其高度的敏感性。

3.掌握的运动技能及其他身体素质水平

灵敏素质是多种运动技能和身体素质在运动中的综合表现。掌握的运动技能数量越多而且越熟练时,灵敏素质才能越充分地表现出来。因为运动技能是在多种感觉机能的参与下在大脑皮层有关中枢间建立的暂时神经联系,这种暂时性联系建立得越多,在环境条件改变需要做出反应时,大脑皮层有关中枢间暂时神经联系的接通就越迅速和准确,并能在原有条件反射的基础上创造出更多新颖动作和做出更完善的协调反应。

此外,灵敏素质还受年龄、性别、体重和疲劳等因素的影响。一般认为,少年时期灵敏素质发展最快;男孩较女孩灵活,尤其在青春期后,男孩的灵敏性更好;体重过重会影响灵敏素质的发展;身体疲劳时,爆发力、动作速度、反应速度及协调性等都会下降,灵敏素质也会显著下降。

(四)足球运动员灵敏素质训练原则

(1)运动强度:中等和中等偏上强度为宜。

(2)练习时间:5～10秒。

（3）间歇时间：完全恢复或基本完全恢复。

（4）练习次数：5～10次为宜。

（5）练习组数：3～5组为宜。

（五）足球运动员灵敏素质的训练方法

（1）专门设计的各种复杂多变的练习，如立卧撑、十字变向跑及各种综合变向跑。

（2）钻爬各种障碍物，如钻爬栏架、同伴两腿分开站立与其他队员进行钻爬比赛等。

（3）结合球的练习，如带球越过等距、有序或无序排列的若干障碍等。

七、足球运动员的整理活动

（一）定义

整理活动是指在运动之后所做的一些加速机体功能恢复的较轻松的身体练习。整理活动又称为"放松练习"。做好充分的整理活动是取得良好的训练效果及预防运动损伤的重要手段之一。

（二）整理活动的目的

整理活动能够消除疲劳，是最廉价、最有效的一种恢复手段。对较高水平的足球运动员而言，整理活动与提高肌肉质量、提高肌肉爆发力、防止肌肉劳损、延长运动寿命也有密切关系。

（三）整理活动方法

整理活动一般包括以下内容：如慢跑或游戏，肌肉的牵拉练习。整理活动中的牵拉练习应以静力牵拉练习和PNF练习（proprioceptive neuro-muscular facilitation，本体感受神经肌肉促进法）为主，而不宜采用动力牵拉练习。

1.慢跑或游戏

慢跑或游戏是运动后的积极性休息，也称活动性休息。休息有两种方式，一种是静止性休息，一种是活动性休息，为了加速身体在疲劳以后的恢复，应当使两种休息方式很好结合。

慢跑或游戏也可使心血管系统、呼吸系统仍保持在较高水平，有利于乳酸的排除。从能量代谢的角度来看,当运动至疲劳后,如果恢复过程中能进行轻微活动,肌肉和血液中乳酸的消除比运动后静止性休息要快得多。

2.牵拉肌肉

众所周知,延迟性肌肉酸是痛的起始环节,它会导致肌肉张力增加,而肌肉的张力增加,必然压迫肌肉中的小血管,而导致局部的循环障碍,造成局部的血液循环不良,引起疼痛,疼痛反射性地使痉挛加重,痉挛又使局部缺血增加,形成恶性循环。肌肉的伸展练习可以使肌肉及时得到放松,打断这一恶性循环,从而避免由于局部循环障碍而影响代谢过程,造成恢复过程的延长。

就肌肉牵拉练习长期的效果而言,牵拉练习对预防肌肉僵硬、防止肌肉退化、保持肌肉的良好功能、预防肌肉劳损有良好作用。

通过牵拉练习进行整理活动时应注意以下事项:

(1)注意区别肌肉的酸痛和肌肉拉伤。如酸痛,在伸展的过程中则会逐渐减轻,缓解。

(2)弄清哪些肌肉有反应(酸痛),并弄清楚这些肌肉的起止点。

(3)根据场地条件设计动作,使有反应的肌肉(酸痛的肌肉)逐渐受到最大幅度的持续伸展。

(4)牵拉练习必须在身体微微发热的基础上进行。

(5)牵拉练习要以静力牵拉为主,开始进行静力牵拉练习时,伸展的幅度要适当,在持续牵拉的过程中,如已感到肌肉放松,可逐步加大牵拉的幅度,直到可能的最大幅度为止。

(6)练习时间的长短,重复组数的多少,以及每天进行牵拉练习的次数,可根据负荷大小而定。

第二节　足球运动员的战术能力及训练

一、运动员战术能力

战术能力指运动员(队)掌握和运用战术的能力,是运动员(队)整体竞技能力水平的重要构成部分。

运动员（队）战术能力的强弱反映在其战术观念的先进性、个人战术意识及集体配合意识的强弱、战术理论知识的多少、所掌握的战术行动的质量和数量、运用战术的针对性和有效性等方面。

二、足球战术与战术能力的影响因素

（一）军事学与谋略学因素

"战术"一词原本就是军事术语。足球竞赛就其对抗性本质而言，就是一种"对局"、一种"博弈"。因此，足球战术的发源、形成以及发展，都和军事学、谋略学的影响密不可分。从这个意义上讲，教练员、运动员力求掌握更多军事学、谋略学的知识，对于认识足球战术规律和提高知识能力水平，都是十分必要的。

军事学、谋略学主要在以下五个方面对于比赛战术及战术能力产生影响。

1. 知己知彼，百战不殆

足球比赛中，透彻地了解对手及本方的各种情况，是制胜的先决条件。

2. 奇与正

在足球竞赛中，主要攻击方向（攻击点）为正，牵制方向（牵制点）为奇；老队员、老阵容为正，新队员、新阵容为奇；常用战术为正，特殊战术为奇；整体实力为正，机巧手段为奇。教练员、运动员应根据双方实力及场上情况，处理好上述奇、正关系。例如，当本方实力明显高于对手时，应以"正"为主，即"拼实力"，以"堂堂之阵"同对手对抗。相反，就要考虑采用机巧手段，出奇制胜。

3. 攻与守

进攻与防守是足球比赛中的一对基本矛盾。因此，攻守问题历来是足球训练中需要解决的重要问题。

在足球比赛中，进攻时如水银泻地、无孔不入；防守时则固若金汤、密不透风，这是教练员、运动员在攻守训练中应追求的理想境界。

4. 虚与实

兵不厌诈、避实击虚、出其不意、攻其不备、虚虚实实、真真假假等,这都是足球战术中常用的计谋,战术的灵活性也通过这些方面表现出来。

5. 得与失

一个成熟的运动员、一支成熟的运动队,在考虑战术运用时,往往先是创造条件,不给对手任何战胜自己的机会,在使自己立于不败之地的基础上,想方设法捕捉任何可能战胜对手的机会。

由于足球比赛过程千变万化,很有可能出现不利于本方的情况,甚至有时会遇到似乎是"山穷水尽"的局面,此时,成熟的运动员(队)不会轻言失败,而会耐心地等待对手犯错误,进而抓住战机,反败为胜。

(二)心理学与思维科学因素

心理学与思维科学因素对足球战术的影响极大。心理能力和思维能力是运动员学习、掌握和运用战术的保证。

1. 神经过程

不同神经类型的足球运动员在学习尤其是运用战术方面有着不同的特点。具有灵活性神经过程的运动员在比赛中往往能准确地预见比赛形势的变化,灵活机动地选择和运用不同的战术手段。虽然可以通过后天性训练来对运动员的神经过程进行一定程度的改造,但为了提高训练的效率和经济性,在选择足球运动量时,还应选择具有灵活性神经过程的人。

2. 注意

足球运动员注意品质同其观察能力密切相连。扩大注意视野、注意的高度集中及迅速转移等都是培养和加强足球战术意识的重要因素。

3. 智能

足球运动员智能与其技术学习能力、战术理解和运用能力有着密切的关系。足球战术的敏捷性、灵活性、预见性和创造性,均同运动员的智能息息相关。

4. 思维能力

战术意识是一种思维过程。相较于人类其他思维活动,运动员在战术活动中的思维有着非常明显的特征：

(1)快速性。现代足球竞赛是在激烈的对抗中进行的。这种对抗的一个很明显的特点就是对时间的严格要求，"时间就是机会、时间就是胜利"这句话在足球比赛中得到了最为充分的体现。

(2)逻辑性和直觉性相结合。在某些情况下，足球运动员的战术思维是一种缜密的逻辑思考，但在另外一些情况下，则完全是一种直觉思维。正是因为战术是逻辑思维和直觉思维的混合体，而目前人类对直觉思维因种种原因还未能进行较为深入的、建立在实验基础上的理论研究。

(3)操作性。足球比赛中，运动员战术思维总是伴随着操作行动进行的。

(4)情绪性。足球运动员的战术思维总是与强烈的情绪体验相联系，包括增力情绪和减力情绪等。

(三)形态学与体能、技能因素

1.形态学因素

在足球比赛中，运动员形态特点对战术的采用具有很大的影响，如"高举高打"战术，"小、快、灵"战术等，无一不是以运动员的身体形态为前提。

2.体能与技能因素

体能包括身体能力和技术能力。在足球比赛中，体能是采用战术或实施战术配合的重要先决条件，而运动员的"速度"能力则决定着能否"快"及"快"到什么程度。

从某种意义上讲，战术就是技术的有目的运用。技术风格往往决定着战术风格。战术的多样性取决于技术的全面性，意即灵活多变的战术必须以运动员(队)全面的技术为坚实的基础。

三、足球战术能力的训练与指导

(一)制造或后空当的比赛练习

在60米×40米的场地内进行6对6的比赛，设置两个球门和两名守门员。战术要求如下：

(1)传球与跑位时机吻合。

(2)利用防守队员身后的空当。

(3)反切跑位,摆脱控制,或在防守队员身前跑动,拉出身后空当。

该练习的目的是培养拉开接应的进攻能力,能够做到正确决定跑动、跑动方向以及跑动的时机。

(二)合作防守的比赛练习

在 60 米×40 米的场地内进行 7 对 7 的比赛,设置两个活动球门和两名守门员。比赛的要求是距攻方持球队员最近的防守队员在抢球时要大声喊叫一句暗语,在听到呼喊声后,其他防守队员立即紧逼自己负责防守的进攻队员。如果抢截队员未大声喊叫,将由对方罚任意球。训练的要点是果断做出抢球决定,快速接近对手时不要失去重心。提高队员紧逼盯人的合作能力。

(三)挤压式防守练习

在练习场地的中心画一直径为 50 米的圆圈。一名进攻队员位于该小圆圈内,圈外是 6 打 3 练习。6 名进攻队员控制传球并试图传球给小圈内的同伴,防守队员进行干扰和阻止。防守队员可以穿越小圈但不能滞留在小圈内。可以转换角色进行循环训练。该练习的目的是培养密集防守、保护和平衡防守的能力。最初进攻队员只能传地滚球,也可以通过增加或减少队员人数或者规定有效防守时间来提高训练的难度。防守队员要积极靠近持球队员并阻止其传球。

(四)二过一跑位练习

A 将球传给 B 后快速起动,并在跑动一段距离后接回 B 的传球。B 可根据 A 跑动的快慢、距离,决定直接传球还是停球再传。A 与 B 可定时交换练习。

(五)二过一传球练习

将人员分成 A、B 两组,在 30 米见方的区域内做"二过一"传球练习。A 向前匀速运球,传给队友后突然起动,突破后接回队友的传球,然后将球传给 B 组,B 组以同样形式练习。熟练之后,此练习也可增至三人或四人同时进行,可取得不同效果。

(六)二过一攻防练习

在边长都为 20 米的场地内 A 与 B—攻一防进行练习,A 控球可与 F、C、D、E 任何人做"二过一"配合,B 抢球后要求只能一脚出球,只能回传给 A。B 抢到球或 A 传球失误时互相交换攻防位置练习。

(七)间接二过一传球练习

队员分成两组,相距 25～30 米分站两边。由 A 传球给 B,A 传球后快速插上接回 B 的"二过一"传球,B 接球后将球传给同时隐蔽插上的 C,C 接球后将球传给出发处,并跑向队尾。重复进行。

(八)个人边路强攻练习

队员分成两组,A 做边路强攻练习,B 接传中球射门。

(九)边卫助攻练习

A、B、C、D 在中场做相互传球,做边卫助攻练习。熟练之后,可提高难度,在 A、B、C、D 之间的范围内逐步增多抢球人员,以增强 A 与 E 的传、接时间配合。

(十)前卫套边

在中场进行三抢四,由攻方 A、B、C、D 控球,当球传至 A 时,前卫 B 迂回到边路,A 将球传到边路。B 下底传中。A、D、C 可上前包抄射门。

(十一)快速反击

在中场 30 平方米的范围内进行 4 对 4 传抢练习,教练员随机鸣哨。根据不同的信号进行练习。如果信号发出时 A 方控球,则由 A 方任一控球队员即刻将球传至外线的 A 方队员,接球后的队员射门或突破射门。

(十二)防守反击

队员分成两队进行半场攻、防练习,防守方控球后立即发动反攻,反击时要求至多传球两脚就要把球传到前场,并全体快速压出,有层次地跟上接应。练习可采取比赛形式,以增强练习中对抗的激烈程度。

(十三)防守训练

(1)可采取半场攻、防练习,可以增强区域防守和混合防守的位置概念,或者协作防守换位、补位,练习彼此的默契程度。

(2)采取小范围比如 1/4 场地、1/2 场地的人盯人练习,或者全场人盯人抢截练习,以提高盯人队员的责任心和个人防守能力。

(3)在比赛的练习中培养整体防守和个人防守能力。

第六章 高校足球竞赛的
策划与组织

第一节 高校足球竞赛计划与竞赛种类

一、足球运动竞赛的意义

足球竞赛可以宣传我国体育运动的方针、任务,激发广大群众锻炼身体的热情,有利于推动体育运动的广泛开展,对增强人民体质,丰富文化生活,振奋民族精神具有重要意义。

足球运动是我国广大人民群众和青少年所喜爱的运动项目之一。我国每年都有成千上万的运动员参加各级足球比赛,比赛可以检查训练的成果,互相观摩学习,交流经验,取长补短,共同提高足球技术水平。

国际足球比赛的交往可加深同世界各国人民的相互了解,增进友谊和团结,促进我国足球运动技术水平的提高。

二、足球运动竞赛计划

足球运动竞赛计划是指为了实现某一个时期的竞赛目标,预先规划和拟订竞赛内容及步骤的文件。它是指导足球竞赛活动的依据。

足球运动竞赛计划分不同的等级,制订竞赛计划时应依照上级有关的竞赛工作计划,再根据本地区或单位的实际情况制订出各自的竞赛计划。

制订足球竞赛计划应遵循价值性、可行性和可塑性的基本原则。

三、足球运动竞赛的性质与种类

(一)足球运动竞赛的性质

从目前足球运动竞赛的性质来看可分两类:一类是职业足球竞赛,如全国甲级联赛、足协杯,全国甲级 A 组联赛是我国目前足球俱乐部最高水平的比赛;另一类是业余足球竞赛,如全国、各省市大型运动会上的足球竞赛,青少年、儿童竞赛等。

(二)足球运动竞赛的种类

足球竞赛的种类比较多,它是根据不同的任务和目的来组织的。我国目前足球竞赛活动有:全国足球联赛、邀请赛、选拔赛、锦标赛(杯赛)、表演赛(友谊赛)、冠军赛等。

1.全国足球联赛

目的是提高我国足球的竞技水平,创造更好的社会效益和经济效益,同时根据比赛的成绩划分等级。例如每年举行的甲级联赛的 A 组、B 组和乙级联赛(预赛)都采用主客场制、双循环的竞赛方法。只是乙级联赛在决赛阶段采用集中赛制的方法进行。

全年比赛结束后重新调整球队的级别,甲级队 A 组后几名降为甲级队 B 组,B 组前几名升为 A 组。B 组的后几名降为乙级队,乙级队前几名升为甲级队 B 组,并且还可授予运动员相应的等级称号。

2.邀请赛

近年来随着足球运动的发展各级邀请赛比较多,有国际足球的邀请赛,也常有省、市之间邀请赛。这些邀请赛都是为了达到互相学习、增进友谊、共同提高的目的。

3.选拔赛

选拔赛是为选拔一支优秀队或选拔优秀运动员组成代表队参加某种比赛任务而举行的一类竞赛。

4.锦标赛或杯赛

锦标赛或杯赛是为了检阅足球运动水平,推动足球运动的开展和培养后备力量,主办单位对优胜队奖以锦旗或奖杯的比赛。如每四年一次的"世界杯"足球赛,我国每年一度的"足协杯"赛等。

5.表演赛或友谊赛

表演赛或友谊赛是为互相观摩学习,促进友谊和团结,宣传和普及足球运动,丰富群众节假日的文化生活等目的进行的足球比赛。

6.冠军赛

足球冠军赛是为争夺某种范围的冠军,授予该竞赛冠军称号的比赛。

足球竞赛种类很多,不限于这些,如足球协作区比赛等,有些还是有传统性的。

足球竞赛的种类还可以从参加者的年龄、职业、系统范围区分。如各年龄级别的儿童、少年、青年足球赛,工人、农民、大学生、中小学生足球赛和军人足球赛等。

另外,从足球比赛上场人数、方法上的不同,足球竞赛又有 11 人制、9 人制、7 人制、5 人制、4 人制、3 人制足球赛。

第二节　高校足球竞赛组织工作的筹备

足球比赛的主办单位应根据竞赛工作计划安排有秩序地进行工作。组织竞赛是一项比较复杂而细致的工作,涉及面广,它是决定竞赛能否顺利进行的关键,直接影响竞赛任务的完成效果。竞赛的组织工作可分为赛前的筹备工作,竞赛期间的工作和竞赛结束的工作。

一、竞赛前的筹备工作

足球比赛主办单位应根据竞赛性质、规模的大小,召集各有关部门成立比赛的领导机构——组织委员会(或筹备委员会)。将比赛的组织方案、竞赛章程、工作计划、组织机构等重要问题提交领导机构审定。

(一)讨论和确定组织方案

根据上级单位的竞赛工作计划和竞赛的性质来确定组织方案,一般包括以下内容：

（1）竞赛的名称、目的和任务

根据上级单位对比赛提出的任务和要求来确定。

（2）竞赛的规模

根据竞赛的目的来决定，主要内容应包括主办单位、承办单位，参加单位和运动员人数、竞赛地址和日期等。

（3）竞赛的组织机构

根据实际需要建立，内容包括竞赛的组织形式，工作人员的名额，组织委员会下设的主要工作部门及负责人名单等。

（4）竞赛的经费预算

应本着勤俭节约的原则，从实际需要来制定，内容包括比赛场地的修建（租借）、器材设备、奖品、交通、食宿、接待、医药、奖金、工作人员补贴金等项目的经费预算。

（二）成立组织机构

组织机构的形式与规模应与竞赛规模相适应，根据工作需要来组建。

全国性或地区性的竞赛，一般是由中国足协或省、市足协主办。基层单位的竞赛应在有关系统和单位党政组织的领导下，由有关部门负责人组成领导机构，机构的设置应本着精干的精神。下面介绍竞赛规模大小不同的两种组织形式。

1.竞赛规模较大的组织形式（图 8-1）

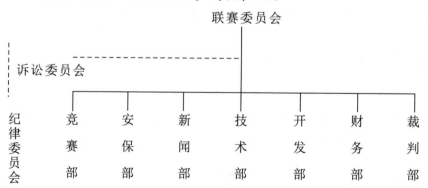

图 8-1　竞赛规模较大的组织形式（中国足球甲级队联赛）

（1）联赛委员会

①执行竞赛规程的各项规定；

②编排联赛日程；

③执行规定的罚款，收取报名费；

④处理异议（诸如运动员参赛资格等）；

⑤处理抗议（诸如场地、接待等）；

⑥兴奋剂检查；

⑦替换退出比赛队；

⑧监督检查商务合同和商务行为；

⑨更改比赛日期、地点、场地和开球时间；

⑩审核比赛用球、场地和设施标准；

⑪宣布最佳赛区、公平竞争优胜队、最佳运动员和最佳射手。

（2）诉讼委员会

负责受理按规定对纪律委员会决定的书面上诉。

（3）纪律委员会

负责处理比赛过程中的任何违纪事件。

（4）竞赛部

负责报名、审查资格、颁发比赛许可证、印制秩序册、检查比赛场地、收报异议或抗议等文函，发送联赛委员会及各部门的决定及通知，组织赛区评选，下发停赛通知以及其他比赛日常事务。

（5）安保部

负责报批委员会的统一工作证件，指导协调各赛区保卫工作。

（6）新闻部

负责管理联赛期间的各类新闻事宜。

（7）技术部

负责规划联赛期间的调研工作，提名各赛区调研人员报常委会批准，编写印发比赛资料，撰写联赛技术报告，组织联赛公平竞争球队、最佳运动员、最佳射手和南北明星队的评选。

（8）开发部

负责开发联赛的商务项目,落实中国足球协会与各赛区签署的有关协议,指导各赛区经营开发工作。

（9）财务部

全面管理联赛财务工作,收取联赛中的各项罚款,汇总并检查赛区和俱乐部的各项财务报表。

（10）裁判部

负责联赛裁判员和裁判监督的提名,负责裁判报表和红黄牌的审核登记,对裁判员违纪事件上报处理意见。

2.竞赛规模较小的组织形式（图 8-2）

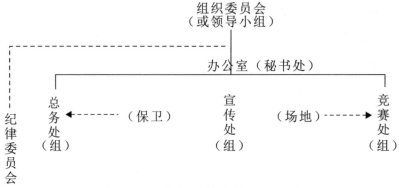

图 8-2　竞赛规模较小的组织形式

（1）组织委员会（领导小组）

领导大会的筹备、进行和总结工作。运动会联系面比较广,所以组织委员会成员应包括各有关方面的领导,以便解决大会各方面的工作问题。

①掌握竞赛的方针;

②研究和批准竞赛规程;

③研究和批准竞赛的工作计划;

④赛前听取筹备工作汇报,研究解决有关问题;

⑤赛后批准大会总结或处理有关的问题。

（2）办公室（或秘书处）

①根据组委会（或领导小组）的决议,组织配备各部门的工作人员;

②拟定工作日程计划。主要内容有:组织委员会会议,裁判员报到日期,场地器材的准备,动员工作,开幕式和闭幕式,各代表队领队会议,组织学习报告或经验交流,大会总结等项工作;

③制定各种规章制度与须知(如作息时间、会议制度和大会须知等);

④负责对外联系;

⑤召开有关会议,统一解决各(处)组之间的问题;

⑥编制预算等事宜。

(3)宣传处(组)

①组织好大会的宣传报道工作;

②组织通讯报道与编辑会刊;

③组织大会党团活动;

④研究制定先进队和先进个人的评选条件和细则;

⑤准备学习材料,组织学习和讨论;

⑥组织有关参观等活动。

(4)竞赛处(组)

①筹备裁判工作,制定裁判员计划,包括人数、来源等。当裁判组到位后,在裁判长领导下开展裁判工作;

②组织报名,编印秩序册;

③准备场地和各种器材(包括场地设备、器材和裁判用具等);

④召开有关会议,解决有关比赛的各种问题。赛前要召开裁判长、教练员联席会议。比赛期间必要时召开有关会议,解决比赛中出现的问题;

⑤安排各队练习,组织经验交流、座谈等;

⑥最后排列出各队名次。

(5)总务处(组)

①编制大会期间的经费预算;

②做好大会的物质准备。如交通、食宿、医药、文具及其他用品等;

③大会的生活管理工作。及时召开各单位管理人员的会议,解决大会中有关生活方面的问题。

（三）制定竞赛规程

竞赛规程是竞赛组织者和参加者的基本文件，也是竞赛工作的依据，竞赛规程在竞赛前由主办单位制定，并提前发给有关单位以便做好准备工作。竞赛规程一般包括以下内容：

(1)竞赛的名称；

(2)竞赛的目的任务；

(3)主办单位；

(4)比赛日期和地点；

(5)参加单位和各单位人数及资格等；

(6)报名和报到日期；

(7)竞赛办法；

(8)裁判员；

(9)采用的规则和用球；

(10)录取名次和奖励办法以及其他事宜。

（四）制订工作计划

依据竞赛方案，竞赛规程规定的竞赛日期，各部门根据自己的职责范围拟订出具体工作日期计划，有计划地做好赛前各项准备工作。办公室（或秘书处）应定期检查准备工作落实情况。

二、竞赛期间的工作

1.竞赛期间要不断地进行思想教育，端正比赛态度，正确对待胜负，正确对待裁判员，正确对待观众，表扬先进队和运动员。

2.大会有关成员应经常深入球队中，征求意见及时改进工作。竞赛组每天及时公布成绩。

3.场地组应经常对比赛场地、器材和设备进行检查和管理，保证竞赛顺利进行。

4.遇有特殊情况需要更改比赛日期、时间和场地时，竞赛组及时通知有关部门和比赛各队。

5.治安保卫组注意住宿和比赛场地安全和秩序。

6.大会各部门应经常与各队取得联系,听取意见改进工作。必要时召开领队、教练员、裁判长联席会议,及时处理和解决比赛中所发生的问题。

三、竞赛的结束工作

1.各部门总结大会期间的工作。

2.组织和举行闭幕式,做大会总结报告和颁发奖品。

3.安排和办理各队离会的有关事宜。

4.组织委员会向上级汇报工作情况。

第七章　高校足球课程教学现状及改革

第一节　高校足球教学内容现状及创新体系构建

一、高校足球教学内容的现状

体育教学内容是反映为了达到体育教学目标而选用的体育知识和技能的体系。它是在体育教学实践中教师教与学生学的实际材料。在现阶段,高校足球课程内容往往由理论与实践组成。理论部分主要有足球运动概述、足球运动竞赛规则与裁判法介绍,足球基本知识、基本技术、基本战术简介;实践部分主要有技术、战术、身体素质训练。经过分析高校足球教学内容的现状得出,主要存在以下三方面的问题。

(一)在选择教学内容时没有明确的目的性

足球运动理论教学的宗旨是使学生掌握足球运动的有关知识。但要想避免足球教学流于形式,需要让学生了解的内容有:了解相关知识的原因;这些知识对自身的作用;进行技术教学旨在传授技术,传授技术的目的是什么;了解或掌握技术的具体原因;教师的教学目标和学生需求是否吻合。

(二)教学内容与教学组织、教学对象不配套

高校足球教学内容最关键的组成部分是各项足球技术,旨在让学生熟练掌握足球运动的各项技术,促使学生把所有注意力都集中于足球活动,形成终身体育的良好习惯。现代足球技术形成与发展的服务对象是专业足球人士。把足球比赛中的主要动作转变成各个部位的踢停球技术

和运球技术、铲球技术等,主要目的是提升足球运动专业水平,向组织训练提供方便。训练与体育教学最大的不同是,前者几乎每天都在进行,而后者一周次数有限。将为满足专业运动员训练需要而产生的足球技术,放在课堂教学中去实施,二者不配套。在教学实践中必须对足球技术进行再加工,使之符合高校足球教学的要求。通常来说,足球运动员参与竞技足球,大学生参与业余足球。因为足球运动员常年训练,所以身心条件能够更好地适应足球技术学习过程,就算这样也无法保障熟练而全面地掌握各项足球技术。就绝大多数学生来说,对学习足球技术往往没有做好充足的身心准备,一般会将复杂的足球技术直接当成教学内容,这样必然会对大学生学习与掌握足球技术产生负面作用。

（三）教学内容缺乏趣味性,学生积极性不高

在现阶段,绝大多数高校足球课教学内容的专业性和竞技性都很强,但健身实效性和教学内容的游戏性都不够突出。足球课教学内容往往集中于基本技术,没有充分涉及足球竞赛规则、裁判法以及足球游戏等内容,没有彻底革新之前的体系;课程内容与学生生活、社会、培养终身体育意识相脱离;知识陈旧,静止化,新知识难以诞生并进入课堂;注重技能,没有创新,难以吸收新理念下的课程内容,减弱了学生学习的兴趣,学生的积极性不高。

二、高校足球教学内容的创新体系建构

自 2014 年全国青少年校园足球工作电视电话会议以来,国家采取了强有力措施大力发展校园足球,并取得了突破性进展。举国上下重视校园足球,发展校园足球的良好局面初步形成,特别是足球竞赛活动蓬勃发展,足球特色高校建设稳步推进,足球已基本走进校园。为促使高校足球教学工作大范围开展,这里对高校足球教学内容的创新体系建构展开深入探究。

（一）高校足球教学内容体系构建的必要性

将足球纳入体育课必修内容,这不但反映了国家对足球教学的密切

关注,而且是国家对高校足球运动提出的基本要求。因此,要想进一步强化校园足球教学,应当尽快以我国校园足球的实际情况为出发点,建立和高校实际情况相吻合的校园足球教学内容体系,全方位指导校园足球教学工作。高校足球教学内容体系构建的必要性体现在以下两个方面。

1. 贯彻落实教育部把足球纳入体育课必修内容精神的需要

首先,要正确领会其精神实质,把足球纳入体育课必修内容,不等于每周都上足球课,而是要确保把足球教材作为体育课教学的必修内容,落实到体育教学之中;其次,由于校园足球发展不平衡,高校在选择教学内容、安排教学学时等方面具有一定难度,国家又缺乏对校园足球教学明确具体的要求,所以迫切需要研究制定适用于各级各类高校、既有统一要求又有较大弹性、操作性较强的教学内容体系,为各高校选择校本足球教学内容提供参考依据。

2. 加强校园足球教学管理,促进校园足球可持续性发展的需要

就足球教学来说,不仅是校园足球的关键构成部分,而且是我国体育教学需要有效巩固的环节,许多高校在过去基本没有将足球纳入体育课教学内容中。针对这种情况,要想强化校园足球教学需要达到两方面要求:一方面,要制定有效的足球教学管理制度,制定足球教学宏观指导性文件,以利于足球教学与管理的规范化;另一方面,要坚持进行足球教学专项检查与评估,以利于提高足球教学质量,促进足球教学工作的全面落实,促进校园足球可持续性发展。

(二)构建高校足球教学内容体系的原则

1. 系统性原则

根据校园足球教学需要和足球技战术特点与规律,按足球技战术难度逐步递增和无缝衔接的要求,对足球教材内容进行整体设计,系统安排。把足球教材内容根据技战术难度递增规律系统地分为若干等级,并科学安排各等级水平的具体教学内容,为各级各类高校制定校本足球教学内容计划提供参考。

2.可操作性原则

选择的足球教学内容难度与要求应当和不同级别、不同类型的高校体育教学实际相吻合,这对高校制定校本足球教学计划和足球教学实践拥有十分显著的可操作性指导。教学内容不仅要和学生身心发展、教学条件等实际情况相吻合,而且要适用于不同级别、不同类型高校的足球教学。

3.多元化目标原则

足球教学内容体系要有利于提高普及足球教育质量,实现促进学生身心健康全面发展的多元目标。足球教学内容的设置不仅要包含足球基本技术与战术的教学内容,而且还要有与之相匹配的足球理论知识、心理健康教育和体能发展等教学内容。

4.指令性与指导性相结合原则

高校足球教学内容体系应当包含两方面内容,分别是具备指令性的必修教学内容和具备提高性的选修教材内容。必修足球教材内容的技战术教学要求比较低,是不同级别、不同类型高校都必须完成的基本教学内容,适用对象是非足球特色高校普及足球教育。选修内容往往存在一定的技战术难度,适用对象是足球特色高校与校园足球基础稳固高校提高性的足球教学。

(三)高校足球教学内容体系构建的对策

1.基本思路

构建高校足球教学内容体系的基本思路是:改变过去根据学年段安排教材的基本模式,构建根据足球技战术水平递增规律来划分等级和水平的教材内容体系。不同等级水平的教学内容应当明确具体,对高校结合本校实际情况来动态选择教学内容提供尽可能多的便利,由此形成各校特色鲜明的校园足球校本教材,最终推动高校足球教学内容体系的可操作性与指导性更加显著。

2.高校足球教学内容体系

将根本依据设定为高校足球教学目标,结合构建高校足球教学内容体系的系统性原则以及高校足球运动技战术基本规律与教学的实际情况,将高校足球教学内容划分成初级、中级以及高级,同时划分成 10 个水平。各个水平的内容有相关的足球基本理论知识、足球技术与战术、心理健康教育、体能训练等。高校足球教学内容体系的详细结构模式如图 7-1 所示。

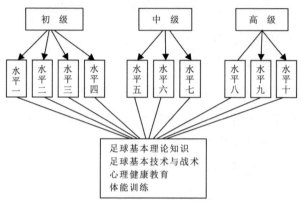

图 7-1　高校足球教学内容体系的结构模式

3.教学内容等级设计理念

(1)初级教学是足球启蒙教育

这个阶段主要教学目标是对学生进行最基础的足球知识与技能教学,强调培养足球兴趣,强化足球教学的趣味性,淡化竞技足球教育,让学生体验参与足球活动的快乐。该阶段教学内容以球性球感练习、趣味性足球活动和足球游戏为主,适当介绍足球的基本技术,为幼儿园、小学低年级、非校园足球特色高校和校园足球基础较差高年级的足球启蒙教育选择教学内容提供参考。

(2)中级教学是足球提高教育

这个阶段教学目标的重要宗旨是广泛普及足球教育,有效拓展高校足球知识面,培养学生的足球兴趣,进一步优化学生足球运动技能,推动学生掌握一些足球比赛能力,可以积极参与课外足球活动。这个阶段的教学内容主要是基本技术、基本战术以及简单比赛,适度开展提高足球比赛能力的基础训练,向小学高年级、初中、足球基础薄弱的高中甚至大学选取教学内容提供参考。

（3）高级教学是足球精英教育

这个阶段主要教学目标是发展学生足球特长，进一步提高学生的足球技能水平，提高学生的比赛能力，为高校和社会培养学生足球骨干，为培养足球后备人才奠定一定基础。该阶段教学内容以足球技能技巧、战术配合、足球比赛等高标准、高要求的足球教材为主，进行一定的提高足球比赛能力的训练，为高中、大学和足球特色高校的高年级高校选择教学内容提供参考。

（4）各等级水平教学内容无缝衔接

在设计等级水平内容的过程中，应当深层次思考不同水平内容之间的衔接问题，维持三个等级教学内容的层次性和完整性，有效规避根据学年段依次制定教学大纲、内容重复等和教学实际情况相脱离的缺陷，有效强化足球等级水平体系的可行性与可操作性。

4.科学合理、全面系统安排各水平教材内容，促进学生全面发展

密切联系我国高校足球发展目标，把高校足球当成突破口，有效推动高校体育的改革进程与发展进程，能够为学生全面发展奠定重要基础。高校足球教学不但要努力普及足球教育，而且要借助足球教学来促使学生均衡发展，使学生达到强身健体的目标，促使学生及时沟通、团结协作、顽强拼搏，使学生的综合素质水平得到大幅度提高。在安排不同水平的教学内容时，应当包含的内容有足球基本技战术、足球基本知识、足球运动多种体育训练内容和心理健康教育内容。在对不同水平的教学内容进行安排时，不仅要科学搭配足球知识与技战术，还要将足球知识、足球技能与体能训练、综合素质教育进行有机结合。

（1）遵循足球运动规律与教学实际相结合

足球教学内容的安排要遵循足球运动规律，由易到难，系统递进。各等级各水平内容要有机衔接，足球理论知识、技术、战术和比赛的教学内容协调安排，符合教学实际，如教学目标要符合课时和学生基础等实际，

足球教学内容的量和难度与课时相匹配等。

（2）足球理论知识与技能教学相结合

足球理论知识教育是广泛普及足球教育的一项关键内容，要将足球基本知识纳入教学内容体系，同时有机结合足球理论知识和技能教学，促使二者相互促进。要将足球活动需要作为出发点，选取对学生养成足球兴趣、提升足球运动技能、主动参与课外足球活动有积极作用的足球基本理论知识为教学必修内容，应当和对应的足球技术教学水平进行协调安排，具体包括足球运动基本技术与基本战术的要点、足球基本竞赛规则、足球活动安全防范常识等。

（3）足球技能教学与体能训练相结合

足球教学是体育教学的组成部分，要为实现促进学生身心健康的体育教学目标服务。要选择、设计一些既有利于提高学生足球技能水平，又有利于发展学生体能的趣味足球活动，作为教材纳入足球教学内容，把足球技能教学与体能发展有机结合起来，使技能学习与体能发展相互促进，如把有利于发展上肢和腰腹力量的掷界外球和发展下肢力量的踢球比远等类似的练习作为教材纳入教学内容。

（4）足球知识、技能和体能教学与心理健康教育相结合

心理健康教育是我国高校体育的一项关键任务。在足球教学过程中，应当将足球知识、技能、体能教学、心理健康教育有机结合起来，这是足球教学的最高境界。要把培养勇敢顽强、团结协作等心理健康教育作为足球教学的重要任务，从足球教学实际出发，设计一些既有利于传授足球知识、提高足球技能、发展体能，又有利于促进学生心理健康发展，提高综合素质的足球活动纳入足球教材内容体系，如多种形式个人或团队对抗的足球游戏、多人协作完成的足球战术等。

第二节　足球教学的改革与创新

一、足球教学方法的改革与创新

(一)注重足球教学中主体和客体的关系及相互作用

1.教师(主体)和学生(客体)的关系

教师和学生之间的相互关系是科学教学的出发点。由于师生间的相互作用构成科学教学的实际过程,是产生科学教学内容的直接基础,所以教师进行科学教学之前需要对师生间的关系进行研究。

科学教学的主体即教师,是科学教学工作者即从事具体科学教学活动的人,他们具备特定的素质,具有某种理论背景知识,掌握了一定的研究手段,遵守科学的价值观和行为规范。科学教学的客体是教学主体的教学对象即学生,是学习知识的主体,因而能科学地、能动地反映教学主体即教师的教学质量。在科学教学中,主体和客体之间是一种作用与反作用的关系。只有认清教师和学生之间的关系,才能进行科学的教学。

2.教师(主体)对学生(客体)的指导作用

科学教学的主体是具有能动性的足球教师,首先表现在他的教学活动具有目的性,能够引导教学客体即学生进行科学的学习和系统的训练;其次,教师要掌握科学的教学手段,以科学手段为中介揭示客体的本质结构。

在科学教学中,足球教师能动性对学生的指导作用反映在两个方面:一方面,教师主体能够利用不同的科学仪器与实验设备,让各种条件排除干扰因素,同时让学生可以将内在本质规律充分显现出来;另一方面,显现出学生客体本质规律以后,教师主体可以合理剖析与运用它,促使学生客体朝着有益于教师主体的方向不断发展。

3.学生(客体)对教师(主体)的制约作用

足球教师的能动性并非绝对的,学生是对象性的存在,教师教学活动往往会被学生限制。对于教学过程来说,学生对教师的限制作用反映在两个方面:一方面,学生要求教师有相当的知识积累、系统的教学理论、科学的教学方法、严谨的教学态度,并且要根据教学对象的差异因地制宜地编排教案教法,利用学生的学习效果来证明教师教学的科学性和适宜性;另一方面,根据主体首先要服从客体的规律,教师首先要服从学生,这样才能认识和改造他们。在没有认识客体规律的前提下,盲目的教学行为会受到客体本质规律的惩罚。

(二)教师应指导学生科学地认识足球

科学的认识过程也是实践与认识的过程,科学认识不是单方面的自然界客体给予的,也并非主体自然发生的,相反是在科学实践中客体表现作用与主体探求作用有机结合的最终产物。在足球教学过程中,教师应当始终遵循这个认识过程,以学生实际情况为出发点,促使所有学生都能对足球运动产生全方位了解与认识,有机结合实践与理论两个部分,让学生对足球的感性认识转变成理性认识,这样不仅能解决理论与实践的矛盾,还能为学生今后的高效学习奠定坚实基础。

(三)科学技术是教学的强大推动力

1. 理性看待经验知识

优秀的足球教师应当拥有丰富的教学和训练经验,科学技术也极为重要。因此,要提高教师的科技素质,还必须对教学的优越性和必要性有明确的认识。

尽管成功的教学经验存在很多科学成分,科学教学在很多环节都需要有经验教学的启发与帮助,但科学教学比经验教学的优越性显著很多。经验知识层次浅且存在表面性特征,难以深入事物的内部,无法有效把握事物的整体面貌和本质关系,信息知识比经验知识的针对性、节省性以及有效性更加明显;经验知识的准确性难以保障,无法实施统计和比较,而信息知识往往能定性和定量,所以准确性高,同时方便进行统计与比较。在以上简单分析与对比的基础上,能够发现科学教学比经验教学更加先进是现代教学发展一定会显现的趋势。

2.积极提高高校教师的科技素质

教师的科技素质主要是指教师的科技意识、科技知识、开展科技活动能力以及将科技成果运用于教学的能力。要提高教师的科技素质,首先必须提高教师对科学技术重要性的认识。

提高教师业务水平的主要原因是:一方面,足球运动是一项艰苦复杂的运动,对科学技术提出的要求很高,只借助经验是不行的,必须充分依靠科技进步;另一方面,因为学生都是有着社会、生理和心理三重属性的极其复杂的活生生的人,这就对教师的知识面和知识更新速度提出更高要求。教师只有通过掌握并不断更新尽可能多的知识和信息,才能更好地把握住其所从事的运动项目的发展规律和趋势,才能不断创新、不断改进教学思想、方法和手段,提高教学的效率和效果。

3.如何提高足球教师的科技素质

提高足球教师科技素质是一项庞大的系统工程,需要在方针、政策、制度、物质、时间等方面创造出必要条件。结合现阶段的实际情况,需要在三个方面下功夫。

首先,要不间断地更新科技知识,扩大信息面。足球教师不仅要在各种各样的教学资源中吸收"死"信息,同时要借助交谈、讨论、交流等方式来搜集"活"信息。

其次,要主动开展各种科技活动。教师应当有意识地、系统地收集与积累客观教学数据,采用整理和分析等方式,从中归纳经验教训,探索足球教学的常见规律。

最后,提升将科技成果运用和教学的能力。足球教师不但是联系科技成果与教学实践的重要桥梁,而且是成绩成果最大且最主要的受益者,足球教师应当充分发挥桥梁作用,只有这样才能将各项科技成果应用在教学中。

二、足球教学模式的改革与创新

探索足球教学模式应当划分成三个阶段:第一阶段是将提高学生竞争水平作为目的的教学改革阶段;第二阶段是将培养学生足球比赛能力作为目的的教学改革阶段;第三阶段是构建三段式足球教学模式。在对这三个阶段进行试验、检验、总结的基础上,最终确立绩效明显的符合足球教学指导思想、可以全面发挥教学价值、可以鼓舞教师积极创新的三段式足球教学模式。这里通过详细阐析足球教学模式的三个阶段,来论述足球教学模式的改革与创新。

(一)以提高学生竞争能力为目的的教学改革阶段

1.教学改革内容

在这个改革阶段,教学改革的目标是通过课外有组织的足球比赛,加深大学生对竞争的认识,端正对竞争对手的态度,体验竞争在足球比赛过程中的作用,从而培养大学生竞争意识和能力。在此目标的指引下,往往将足球教学联赛作为教学的中心内容。足球联赛由以教学班为基础成立的8支足球队构成,每队从各班选11名主力和5名替补,课代表任队长(后因受场地不足和足球基础薄弱等客观条件限制,改为每队主力队员7名,替补队员3名)。与此同时,将8名队长作为主要队员,挑选不同专业学生遵循自愿参加的原则组成联赛管理与服务机构,同时选举出表现突出的学生来担任负责人。对于管理机构与服务机构,在比赛开始前任课教师会指导完成比赛顺序的设置工作以及场地安排等各种准备工作,在比赛期间任课教师会协作完成画场地、收发器材、记录成绩等工作,另外还会完成比赛裁判工作。通常情况下,联赛会在周末选用国际通用的双循环赛制来完成。在队员人数、比赛时间以及比赛场地的多重限制下,足球教学联赛会在比赛人数方面选用7人制;比赛时间由上半场和下半场组成,每半场是35分钟,前两场比赛开始时间为周日上午9点,后两场比赛开始时间为10点半;比赛场地为标准场地的一半,可在一块标准场同时进行两场比赛,这种安排可以保证一周完成四场比赛。比赛成绩按照胜一场得 3 分、平一场得 2 分、负一场得 1 分的方法计算,无故不参加比赛的扣除 5 分,计算出总成绩后排定名次。足球教学联赛取得的名次与本学期体育成绩挂钩,具体方法为:参加联赛队员的考试成绩,冠军一队起点分 90 分;第二名 85 分;第三名 80 分;第四、五、六名 75 分;七、八名70 分。联赛管理和服务人员每工作日计 5 分,缺勤不扣分。

课堂教学应当根据配合足球联赛的要求来安排相关内容,主要由理论环节与训练环节组成。就理论环节来说,是让任课教师结合教学计划向学生传授足球技术、足球战术、足球比赛规则等内容;就训练环节来说,则是划分成两个模块同步进行,足球联赛的队员和分队员是两个模块的主要组成部分。足球队员模块在理论教学环节结束后先进行 5 分钟足球技术测试赛。由非队员模块选拔出来技术较好的同学与替补队员比赛。比赛项目为颠球、一分钟连续传球和 30 米跑,颠球和传球每成功一次记1 分,30 米跑 4 秒为 0 分,每多 0.1 秒扣 5 分。得分多者胜出,前 3 名成为球队替补。然后,球队队员在队长带领下踢教学比赛。非队员模块在教师指导下,进行专项身体素质和足球基本技术练习。

2. 教学改革效果检验

将提升竞争水平作为目的的教学改革,会把大学生足球联赛形式引入课程教学,这不仅充实了足球教学形式,还获得了较为理想的效果,但同样有一些问题与不足需要完善,具体如下:

首先,本次教改朝课外部分延伸太大,课内和课外出现了主次颠倒,进而出现的问题有:第一,教师工作量太大,对教改持续深入开展具有负面作用,在教改过程中往往没有完整的周末,绝大多数时间都会被联赛相关的各种事务占据,这些工作对于中老年教师往往会无法全部顾及;第二,场地器材需多方协调,侵占了其他员工的休息时间,得不到充分的理解和支持,增加了教改的难度;第三,对于那些没有养成体育锻炼习惯的学生,很难吸引他们在周末走向球场,教改对他们产生的影响不大。

其次,教学设计过程中未能妥善处理好竞争这个教改主题。有些教师会简单认为,把学生划分成主力、替补以及普通学生就可以激发学生的竞争意识。这种形式往往无法在教学实践中发挥预期作用,主要原因是:第一,学生之间的足球技术水平差距过大,大部分学生即使刻苦练习,在队员的选拔中依然处于劣势;第二,学生对体育课的惯性思维阻碍了他们抱着积极的心态投入教学活动中。许多学生抱着一种拿学分的心态来上足球课,他们缺乏对足球比赛的热爱,因此无法调动他们的积极性。

最后,教学模式的推广具有一定难度。以足球教学联赛为主要内容的教学方式,在教学理念上具有超前性,与以课堂教学为主,以传授技术、技能为主的教学理念有冲突,与现行课堂教学体制不配套;同时在教学环节的设计上也在某种程度上脱离了当前高校足球教学的实际情况,因此,这种教学模式不能被较为广泛地采用。

尽管这个阶段的教学改革有很多问题与缺陷,但针对此类教学模式的效果往往会发现足球比赛蕴含着十分有效的育人功能,采用足球比赛的方式开展足球教学,应当是足球教学改革与创新的一个重要突破口,怎样开发与利用足球比赛将成为激活高校足球教学活力的重中之重。

(二)以培养学生足球比赛能力为目的的教学改革阶段

1.教学改革内容

在这个阶段,教学目标是借助课堂教学来增加足球在大学生中间的影响力,大幅度提升足球爱好者的比赛能力。结合学生的实际情况,应当将教学目标定位成培养学生足球比赛兴趣和参与足球比赛的良好习惯,提高足球运动参与者在足球比赛中的整体水平等。为顺利达成这个目标,高效完成教学任务,依次制定的教学目标包括足球技术、比赛态度、比赛能力、比赛认知等,课堂教学始终围绕足球比赛来开展。希望通过课堂教学,从广度和深度上扩展大学生对足球比赛的认知。在教师引导下,通过教学比赛,使学生积累足球比赛经验,体验比赛的情感历程,对足球比赛产生较浓厚的兴趣。在此基础上,帮助学生树立端正的比赛态度,使其具备参加课外足球比赛的能力,并能在活动过程中不断提高对自己的要求,自省自己的行为。

在足球教学活动中,以实战为出发点,教师将教学内容定位成一些最常见的足球技战术,把这些内容划分成基本功、常用技术、介绍内容。基本功包括脚内侧传球,脚内侧停、接球,脚背内外侧推、拨球、脚掌踩球、拉球等。学生学习基本功的目的是能够在他们之间开展小型足球比赛。而在小型足球比赛中常被使用的运球技术、跑动中停接球技术、抢截球技术、假动作等亦作为教学重点,传授给学生,目的在于提高学生的比赛能力。长传球技术、头顶球技术、掷界外球技术、组合技术以及简单的配合战术,则作为介绍内容。目的是增加学生足球知识,提高学生足球技战术水平。每次课的前半部分开展足球基本技战术教学,使学生依次掌握足球基本功、常用技术,了解长传球、抢截球、掷界外球技术和假动作以及基本战术配合。技术教学以使学生达到能踢小场比赛的水平为目标。

在课的后半部分会进行教学比赛。因为一个教学班往往为 30 人左右,所以比赛采用课外活动时往往会选择踢小场的形式。每队有 4 名或 5 名学生,一个教学班分成 6 支足球队。每个队借助抽签来确定自己在赛程表上的具体位置,同时根据赛程表顺序和教学班的其他队进行比赛。比赛时间大约是 30 分钟,未安排中场休息和裁判员。课的后半部分是教学重点。首先,教师需要结合比赛向学生讲解提升比赛水平的一些实际问题,具体包括无球队员的跑位问题和接应问题、持球队员处理球时需要遵循的具体原则、怎样提升踢球准确性等。其次,借助设定问题的方式,来启发与引导学生深入探究足球比赛隐含的育人问题,使得学生进一步认识和理解足球比赛,比较典型的一系列问题是:如何看待顽强意志品质对比赛胜负的作用;顽强意识品质表现出的行为有哪些;在比赛过程中执着于胜负之间,不顾一切来赢得胜利能不能称之为意志品质顽强。学生在寻求答案的过程中,既丰富了对足球比赛的理解,又发展了他们深入思考问题的能力。再次,强化学生的安全意识,突出足球比赛的娱乐性和健身性,在此基础上培育学生安全第一的思想。最后,利用比赛时的突发事件,启发和引导学生,规范自己在比赛中的行为,端正比赛态度,明确参加足球比赛的目的等。

2.教学改革效果检验

本次教改立足于当前的高校体育教学机制,突出了足球比赛,符合大学生对足球教学的需求。教改提高了学生的教学参与度,活跃了课堂气氛。学生在结束一学年足球课程后,比赛能力普遍得到提升,开阔了视野,加深了对足球的认知。多数学生将课堂上所习得的技能、对足球比赛的认知、观点等,通过课外活动时踢球风格、方式等的改变展示出来。

尽管这次教学改革取得了一些教学效果,但仍旧有很多缺陷和不足需要完善。本次足球教学改革的缺点是:首先,尽管教学将足球比赛置于突出位置,但能够充分彰显足球运动魅力的 11 人比赛没有成为教学的重要组成部分,就无法全面实现足球教学的价值;其次,采用和足球专项训练相近似的技术分类教学,需要占用很多课堂教学时间,因而大大降低了足球教学效果。教师应当站在普及的角度,通过更加贴近的比赛情景的技术分类完成教学。再次,在教学中忽视了作为足球运动主要构成要件的足球竞赛规则,进而限制了足球运动在高校的开展。最后,本次足球教学改革未考虑大学生的学习特点、身心发展规律,学生的教学主体性得不到保障。

(三)三段式足球教学模式构建阶段

结合教学问题产生的原因分析结果与提出的对策,在以教学实践经验和教学的总结作为基础的情况下,设计出三段式教学模式。三段式足球教学模式在这些需要解决的问题中有很强的针对性,这是这个教学模式可行性的基础与保障。

1.三段式足球教学模式设计的过程

设计前的调查研究,实施过程中的阶段总结、调整和修改,实施后的效果评价是三段式足球教学模式设计的主要过程。为掌握学生对足球教学的客观需求,在开展教学活动之前,应对学生进行问卷调查,从而为选择教学内容与教学重点提供便利,保证分配教学课时的准确性。调查应主要围绕学生对教学内容的要求,对足球运动能力的自我评价,对足球运动能力的认知展开,重中之重是对教学内容的要求。

三段式教学的设计可以有效满足学生对足球教学的要求与需求,采用以教学比赛作为主要内容的教学组织形式和教学手段,完成必要的准备阶段教学之后,可以有效突出学生的学习主体性。

为达到更加满意的教学效果,在教学实施阶段,教师应结合深入掌握的学生身心条件、技术储备情况,对教学目标、教学组织、教学时间分配进行细微调整,从而促使教学过程和学生要求更加符合。在所有教学单元结束之后,在对学生学习情况展开认真观察、访谈之后,在对教学效果展开科学评估的情况下,适度增减下个教学阶段的内容,有效改进教学组织和教学方法。

2. 三段式足球教学模式的理论基础

(1)以学生为主体、教师为主导的教学理念

大学生是文化素质比较高的社会群体,绝大部分大学生的身体运动能力较差,对自己拥有的运动潜能的心理认知水平较低,需要立足于身体方面和心理方面来再次开发学生的运动能力,促使学生在身心两方面都能够适应足球比赛。三段式足球教学是以理论教学为主导、以身体活动为主体的教学方式,从改变大学生旧有的对足球运动的认知,消除身心运动惰性出发,降低参加足球比赛的门槛,帮助他们树立参加足球比赛的信心,最终促使他们在身心两方面习惯足球比赛的氛围。这种教学模式符合大学生的身心特点,能较好地发挥他们的优势,有效地弥补他们在运动能力方面存在的不足,容易调动起他们的学习积极性,较好地体现大学生在教学中的主体地位。

足球比赛是足球运动的主体,足球技术是保障比赛顺利展开的一项必须条件,足球比赛的内涵比足球技术要大很多。一般来说,足球的精

神、文化、价值往往反映在足球比赛中,是学生进行体育锻炼的重要方式,而高校足球教师具有丰富的专业理论知识和经验。以足球比赛为主体的三段式教学模式,为他们创造了一个充分展示才能的平台,给予他们宽广的空间来讲授知识、传承文化、介绍经验,加强了教师在教学过程中的主导地位,丰富了教学手段,拉近了师生间的距离,为教师在教学中实现自己的教学理想创造了机会,使其自身价值得到了充分体现。

三段式足球教学也向教师提出了更高、更全面的要求。教师不仅要熟练掌握足球基本技术,也要有扎实的理论知识基础,还要具备很高的掌控足球比赛的能力,要对足球文化有自己的理解和看法,要具备开发与利用足球各项功能的能力,要深入理解与掌握足球竞赛规则,要具备教育理论知识以及教育心理学知识等。三段式教学模式属于可以有效推动教学相长的新型教学模式。

(2)群众性体育的发展规律

群众参与是大众体育的核心,业余足球比赛是群众性足球运动的主体。对于足球运动来说,大学生成长过程就是参与足球活动、锻炼身体和心理、提升运动实战技能、激发活动兴趣、形成活动习惯、努力在活动中达到自我实现的过程。三段式足球教学与学生个体在足球运动中的发展规律同步,能帮助学生较为完整地走完这一过程,易取得令人满意的教学效果。足球运动要想在大学生群体中广泛开展,就必须展示其丰富的内涵,发挥在大学生成长阶段的作用;增加大学生对该项目的了解,降低参与难度,增加参与机会,拉近与大学生的距离,为大学生提供一个安全的、能使身心感到愉悦的活动环境;让大学生充分领略足球运动的魅力,体会足球运动的价值。三段式足球教学能够满足开展足球运动的这些要求,帮助学生全面认识足球运动的作用,帮助其以正确的心态积极投入足球运动中去,符合足球运动在高校发展的要求。

三段式足球教学通过很多形式的比赛开展教学,使得教学和学生熟悉的课外足球活动存在很多相似形式、统一内容。教学将实际情况和学生需求作为出发点,帮助学生战胜参与足球活动中遇到的各种困难,能够有效发展学生对足球比赛的身心适应性,不仅和课外足球活动存在密切联系,同时具备很强的实效性特征。采用学生熟悉的方式开展教学活动,不仅能让学生尽快融入教学活动,在教学过程中维持很高的积极性和主动性,同时有助于学生把教学成果转变成课外足球实践活动,有助于及时反馈教学情况和学生主体性的持续发展,能够有效保证教学的良性循环。

（3）以人为本的教育思想

以足球比赛为主体的三段式足球教学,较为全面地满足了现代教育对学生的要求。在足球比赛中,学生提升比赛能力、实现自我超越的过程就是包含发展认知水平、改善做事能力、与人交往能力的过程;就是多角度感受竞争、逐步强化与人合作的能力的过程;就是持续深层次探究自知与自尊、增强自信心的过程。三段式足球教学在教师和学生的共同努力下,可以充分反映足球比赛的育人功能。

3.三段式教学模式存在的问题

三段式教学模式就技术教学阶段来说,主要存在两方面问题:第一,在如何使足球基本理论发挥指导学生实践,帮助学生自觉发展技术能力方面,设计得过于理想化,在实际运用过程中未能充分发挥应有的作用。在教学中只能多次重复、亲自指导,学生才能较好地完成安排的教学内容,浪费了大量宝贵的教学时间,亦使教师疲于进行范围仅限于个别小组甚或个人的讲解、示范,而无暇顾及对整个教学班练习情况的监督与管理。第二,在选择基本教学理论的内容时,因为足球技术的构成要素比较多,所以学生在以脚为主完成各类动作时往往会遇到很多种问题,再次受限于自身的理论水平,在教学实践中难免会出现力不从心的情况,对学生提出的部分问题无法找到有效的解决方法。

竞赛规则教学以前都是以理论课教学形式开展的,这种教学方式组织简单,足球竞赛规则讲授起来,各章、各节,条文、数据容易说明,便于教学活动的开展。而将竞赛规则放在实践课教学中,一切都要从头做起。

首先就是教材的组织问题,虽把教材分成介绍部分和理解、掌握部分,但在实际教学过程中,对各自应占教学时数的分配缺乏依据;在开展犯规与不正当行为教学活动时,使用的是讲解、示范教学法,教学效果不理想。因而,只有教师的讲解和示范,学生也无法准确理解规则,这说明教学设计在推动学生课下自学体育知识上存在一些问题。

对于足球比赛教学阶段来说,主要问题是向比赛教学赋予了太多的教育内容,尽管教师指导使得学生在很多方面获得了显著进步,但这并不能掩饰育人教学实施以来情景教学的情况,存在组织的系统性与完整性不足的问题。因为没能透彻剖析教学目标的关系,使得开展教学活动的过程中出现了选择教材和选择教学方法的混乱。

4.三段式教学模式对策

针对三段式足球教学模式在实践过程中出现的系列问题,应当采用的对策为:第一,在开展技术教学活动时,应以具有明确针对性的基本理论作指导,使学生理解了理论知识后能在练习过程中对自己的练习效果进行自我评价和反省;第二,在教学初期进行形式简单、较为枯燥的基本功练习时,应加强对学生树立认真、严谨的学习态度的教育;第三,在开展竞赛规则教学前,要尽量将各章节内容与学生的身体活动结合好,编排出与各章节内容联系紧密的练习方式和游戏;第四,在条件允许的情况下,建议教师选择多媒体教学,把足球比赛中出现的犯规行为、错误行为、危险动作制作成教学视频,从而获得更加理想的教学效果;第五,在将足球比赛作为内容的教学阶段,不仅要以教学组织难易程度和教学目标间的因果关系为依据,同时要遵循先身体,后心理,再思想教育的顺序开展教学活动。

第八章　高校足球学练效果的科学评价

第一节　高校足球学练评价基本理论

一、评价的概念

体育评价是指利用评价学的理论和方法对体育领域内的研究对象进行价值判断的过程。一个完整的评价体系主要由三部分构成,即评价指标、指标权重和评价标准。评价指标就是指根据评价目的设计的能够反映评价对象某些特征的具体项目的总称。在一个评价体系中可能包括多个指标,为了能够反映每个评价指标的相对重要程度,必须给每个指标确定不同的权重系数。评价标准是指用来评判评价对象价值高低的具体准则和尺度。

二、评价的目的与意义

评价竞技能力的目的在于鉴别教学和训练方法是否恰当,衡量教学训练的效果,改善教学和训练的过程,以便更好地达到训练大纲的目标。此外,通过评估可以积累大量的数据资料,为研究教学和训练的规律提供可靠的现实依据。

青少年时期是建立良好的身体素质和全面、正确的技术动作定型的关键时期。在现代运动训练理论中,评估运动员的训练水平是运动训练过程的重要组成部分。对我国青少年足球运动员身体素质、基本技术运动训练水平的考核,能为教练员控制运动训练过程提供更全面、更有效的依据,有助于教练员建立运动员训练档案,为运动员的选拔以及科学化训练提供参考。

运动员训练水平主要由身体训练水平、技术训练水平、心理训练水平、战术训练水平、智能训练水平五个因素构成。训练是一个复杂的系统工程,也是提高运动员竞技能力的唯一途径,而科学化训练取代传统的经验训练已成为运动训练的发展趋势,其最终目的就是取得最佳训练效果。最佳训练效果的取得不仅依赖于对训练过程的组织和管理,更依赖于对训练过程的有效控制。

众所周知,教学训练的质量在一定程度上直接影响着我国足球运动的发展水平。如何较全面客观地评估青少年足球运动员的训练效果,保证所培养的对象符合现代足球运动发展方向的需要,这是当前教学训练工作所面临的重要问题之一。

三、评价的基本原则

(一)定性与定量评估相结合

评估的内容中既有诸如达标类测试项目,以便于做定量的分析和评价,又有比赛表现这样的定性评估项目,以便专家对运动员在实战中的技术、能力和意识表现进行评估。

(二)原则性与灵活性相结合

在评估过程中,必须坚持原则,统一尺度,一视同仁,严格考核。同时,又必须考虑到即使一个球队中同一年龄段的不同年龄的队员也会存在差异,他们的发育程度、训练水平也会有所差别,因此评估时不能完全按照一个标准一刀切,凡是不达标的就全盘否定。在评估过程中,既要讲原则,又要结合实际情况灵活地进行评估。

(三)客观与公开

应当根据明确规定的评估标准,客观地进行评价,尽量避免掺杂主观感情色彩,在考核前要对评估的指标构成、评分标准进行公开。评估必须在客观事实的基础上,做到把被评估者与既定标准作比较,而不是单纯地在人与人之间进行比较。

（四）及时反馈

评估的结果一定要及时地反馈给被评估者本人,否则就达不到评估的目的。在反馈评估结果的同时,应当向被评估者就评语进行说明解释,肯定成绩和进步,说明不足之处,为被评估者今后发展的方向提供参考。

第二节　高校足球学练中的技术评价

一、技术评价概述

足球技术是足球战术的基础,任何战术意图和战术方法的实现,主要取决于运动员是否掌握相应数量的、熟练而准确的技术,并能有意识地加以合理运用,以达到战术的要求。先进的技术必然促进战术的发展和变化,战术的不断发展和演变又反过来对技术提出更高的要求,从而促进技术的发展和更新。因此,运动员必须掌握全面的技术,并不断提高,以适应现代足球比赛和战术发展的要求。

根据运动员在比赛中是否结合球进行运动,足球技术分为有球技术和无球技术。足球的无球技术包括各种类型不结合球的跑动、跳跃、转身、急停等;足球的有球技术是运动员以动作的形式来实现特定目的的方法过程。

（一）有球技术评估

主要评估锋卫队员和守门员的有球技术,即球性、传球、接球、运球、头顶球、射门等比赛中常用的基本技术。

（1）球性。采用各部位连续颠球的方式评估高校足球锋卫队员的球感和球性。如不限时间的多部位连续颠球和限制时间的多部位连续颠球。

（2）传球技术。采用向预定目标传球的测试项目评估高校足球运动员的传球技术。

(3)接球技术。采用接控各种形式来球的测试项目评估高校足球运动员的接球技术。

(4)运球技术。采用各种形式的运控球测试项目评估高校足球运动员的运控球技术。

(5)头顶球技术。采用各种形式的头顶球测试项目评估高校足球运动员的头顶球技术。

(6)射门技术。采用各种形式的射门测试项目评估高校足球运动员的射门技术。

(二)比赛综合表现评估

尽管专项身体素质和有球基本技术作为量化的指标在一定程度上能反映高校足球运动员的训练效果和基本能力,但这两个项目评估均是在非比赛实战情景下进行的,还不能完全反映运动员的战术意识和比赛心理品质,因此必须通过模拟比赛实战的情景进行评估。

1.场上队员的进攻表现评估

(1)有球进攻表现

①控球后能否注意观察,且有组织进攻意识。

②传球的目标、时机和方式是否得当,有无明确的战术意识。

③运球推进、突破、节奏控制、选择进攻时机如何,有无明显的全局战术意图。

④定点射门、配合射门、运球突破射门、补射中的射门时机、距离、角度、脚法、力量、弧度掌握是否恰当。

⑤在传、运、射过程中的应变能力和隐蔽性。

(2)无球进攻表现

①能否采取突然动作摆脱对方防守队员。

②能否跑位接应、策动、牵制、突破,为自己创造得球和为同伴创造进攻机会。

③是否在无球跑位中体现或贯彻明确的整体战术意识。

2. 场上队员的防守表现评估

(1)盯人防守表现

①由攻转守意识及盯人方式是否恰当。

②盯人选位,采用紧迫盯人或松动盯人方式是否恰当。

③盯人中封堵、延缓、抢截、补位意识运用如何。

④盯人防守中是否有局部和整体防守意识。

(2)区域防守表现

①区域防守意识如何,能否对防守区域实行有效控制。

②防守选位、封堵、延缓、抢截运用是否合理。

③补位、协同意识及运用如何,是否有整体防守意识。

3. 守门员比赛表现

(1)进攻表现

①获球后,发动快速反击能力如何。

②能否运用合理准确的发球技术组织进攻。

(2)防守表现

①比赛中及定位球处理中的防守选位是否恰当。

②能否准确判断并运用合理的技术进行防守。

③能否快速移动对罚球区进行有效的控制。

4. 教练员评定战术意识分级标准

(1)较差:战术意识不强。

(2)一般:战术意识有待提高。

(3)较好:战术运用基本合理。

(4)好:战术意识全面,比赛中战术应用正确、效果明显。

(5)突出:战术运用自如,攻守意识强,比赛中能成为总体战术的核心。

二、有球基本技术评估办法

(一)传球技术

1. 吊圈传准(脚背内侧)

评估目的:测试运动员的传球准确性。

场地器材:足球场;球;内圆半径为 2.5 米,外圆半径为 4 米构成的圆。

测试方法:测试者将球放在距传球区 20~40 米的区域,向传球区内拨球,然后跑上去向圈内传球,传球时球要在运动中,并且必须用脚背内侧踢球。

2.三角形地滚球传准

评估目的:测试运动员传接地滚球的能力。

场地器材:3 个直径 5 米的圆构成 3 个测试区域(A 区、B 区、C 区),每两个区的中心之间距离 17 米成等边三角形;足球。

测试方法:将测试队员分为 3 组,每组 1 名队员。3 名测试队员分别站在 A 区、B 区、C 区内,A 区队员持球,测试开始由 A 区队员将球按逆时针方向传给 B 区队员,B 区队员再将球传给 C 区队员,依次重复。传球部位不限,球传出或弹出测试区外,可快速运球回到测试区内继续做传球,30 秒测试结束;计 30 秒之内 3 人相互间传球次数。

3.球门墙射准

评估目的:采用得分和技术评定结合衡量足球运动员左右脚定点射门技术。

场地器材:按标准球门画好球门墙(内宽用鲜明线均分 7 份,内高均分为 3 份,标明各部位得分)。球门墙前画出罚球区及罚球弧,并以球门底线中点为圆心,16.5 米为半径画弧。

评估方法:在罚球弧线外侧放 4 个球,罚球区两角弧线外侧各放 3 个球。受试者射完 10 个球(左、右脚各 5 个),记录射中部位的总得分,再由教练(组)根据踢球质量(力量、脚法等)给予技术评定。

注意:测试人员站在正面观察射中部位报分,如果射中点正压在区分线上,则记录两部位的平均分。

(二)接球技术

评估目的:用接球传准测试足球运动员接各个方向高低球技术和左右脚传球的准确性。

场地器材:在球场或平坦地面上画一条长 5 米以上的白线。以白线为一边,在白线中段一侧画边长为 2 米的正方形接球区。接球区两边 1 米处各画一条与白线垂直的线,与接球区边线构成传球区。在另一侧距白线中点 20 米处插一根高 1.5 米的标志杆,以杆为中心画半径为 1 米和 2 米的两个同心圆;秒表。

评估方法:受试者站在接球区内,依次接从接球区对角线延长线四角 5 米处传来的一高(胸部以下)一低(地滚球)球后,迅速带球至传球区踢向标志杆。打中标志杆和落点在中心圈内得 5 分,落点在外圈得 3 分,落点在圈外不得分。接球后分别向右、左传球区带球 1 次,用左、右脚各踢 1 球。每 4 球为 1 轮,测 3 轮 12 个球。从第一个球进入接球区起计时,到第 12 个球踢出时停表。限时 1 分钟。每超过 2 秒扣 1 分。在传球区外踢球扣 1 分,记录所得总分。

注意事项:在接球区内没有接到球,须运回区内再带往传球区踢准;每踢完一次,受试者身体进入接球区边线后,传球人须及时将球传出。

(三)运球技术

1.30 米直线绕杆运球

评估目的:测试运动员直线短距离快速运球绕过障碍时身体的协调性和灵敏性以及球性。

场地器材:旗杆;足球;秒表;平整的足球场地。

测试方法:每人两次机会,取最好的一次成绩。测试者将球置于起始线上或从线后出发,运球绕过 9 根旗杆并带球到达终点线结束。

2.折返运球过杆

评估目的:通过运球绕过距离不等的标杆,衡量运动员掌握运球技术的熟练程度。

场地器材:在球场或平整场地上距离 20 米画两条线,中间插杆 10 根,每根距离 1~3 米不等,两端的杆距线 1 米;秒表。

测试方法:听口令从端线起运球,同时开表计时,从左右两侧依次过杆(漏杆须补过)。往返运回到端线(人球到线)时停表。测 2 次,取最好的一次记录成绩。

注意事项：穿胶鞋、专项球鞋均可，精确到 0.1 秒，不得将杆碰倒。

（四）射门技术

评估目的：评估运动员的射门技术。

场地器材：带球门的足球场地。标准球门，无网；在离球门柱 2.7 米处各有一圆锥，球门中间设一圆锥，球门后的 A 线距球门线 4.5 米，B 线距球门线 9 米；足球若干。

测试方法：

（1）运动员持球站于距球门线 16.5 米处，且与近门柱平行的线外，推球进入射门区（不超过 2.5 米）并在球滚动中起脚射门。注意必须在球滚动时击球，否则重测。如果 2 次均违例，这次射门无得分。

（2）射门必须是"击球"，用脚内侧"推球"或用脚尖"捅球"为违例，应重测，如 2 次均无结果，这一次射门无得分。

（3）如果运动员推球超过 2.5 米后射门，应重测。如两次均无结果，这一次射门无得分。

（4）射入球门线中点至远门柱间区域得 3 分，包括地滚球；射在远门柱与远门柱外圆锥之间（低于球门横梁）得 1 分；射入球门线中点至近门柱间区域得 2 分；如果射越横梁或射在近门柱以外得 0 分。

（5）运动员在右边和左边各射 3 次。在右边射必须用右脚，左边射用左脚，否则无得分。

（6）如果球击中横梁，将按以下情况分别判分：

①越过横梁，0 分。

②反弹进入罚球区，0 分。

③进入球门，算 2 分或 3 分（取决于区域）。

（7）如果球击中近门柱，将按以下情况分别判分：

①弹向近门柱一侧，0 分。

②进入球门，得 2 分或 3 分（取决于区域）。

③弹向远门柱一侧,0分。

④弹出横梁,0分。

(8)如果球击中远门柱,将按以下情况分别判分:

①进入球门,得2分或3分(取决于先越过哪个区域线)。

②如果球击中远门柱后反弹进入罚球区,或反弹向近门柱一侧,或反弹越过球门横梁,得1分。

三、守门员基本技术模块评估

(一)持球踢准

目的:评估守门员脚踢发球的准确性。

场地器材:在标准足球场地进行。球场中圈里加画一个直径5米的圆,在两边线和中线相交的两角分别画出边长5米和8米的两个正方形。

测试方法:守门员持球在罚球区内,向左右后场两正方形内各踢3个球,向中圈内踢4个球。球落点在小方形及小圆内得3分,落点在小方形外、大方形内及小圆外大圆内得2分,场内得1分,场外0分,记录10个球的总得分。

(二)扑球与发球

目的:评估守门员扑定点球、退守速度及手抛发球的准确性。

场地器材:在标准足球场进行,以球门区与罚球区两角连线的延长线外5米为圆心画直径为2米的2个圆;秒表。

测试方法:在球门区两角各放4个球。守门员从球门底线中点出发计时,先向右倒地扑右角球后起立,用于发往右方圆内,倒退或侧向跑回球门底线中点。再扑左角球起立,用手发往左方圆内。直至8个球发完返回球门底线中点时停表。每一个发球落点到圆外加计1秒。记录完成的总秒数。

(三)防守定点射门

目的:测守门员连续防守定点射门的技术。

场地器材:标准足球场;以球门底线中点为圆心,以 16.5 米为半径在罚球区内画弧;足球若干。

测试方法:在罚球弧及罚球区两角弧线后各放 5 个球,分别由一名射手按计时员每隔 3 秒所发的口令,依次用各种力量、角度及脚法射门(踢出界须补)。守门员接到球后从左右两侧抛出。出界球守门员手触到也算防守成功。记录并计算防守成功率。由教练(组)对射手射门的平均质量做出优、良、中、差评定,分别对防守成功率乘以 1、0.9、0.8、0.7。最后记录守定点射门成功率(百分率,四舍五入取整数)。

参考文献

[1]晁坤.我国高校足球融入竞技体育的探讨[J].文体用品与科技,2023(19):43－45.

[2]陈兵.高校足球教学实践与创新发展研究[M].北京:北京希望电子出版社,2015.

[3]陈冠桥.体育强国背景下的高校足球教学与发展探讨[J].体育风尚,2022(18):71－73.

[4]陈恒兴,周楚竣,刘春.对我国高校足球运动推广的反思[J].体育科技文献通报,2021(8):59,95.

[5]陈金兰,李旭天.体育精神下高校足球教学的育人探究[J].冰雪体育创新研究,2023(13):145－147.

[6]陈理冲.高校足球专业学生裁判能力的培养[J].科教导刊(电子版),2020(22):255.

[7]陈盛涛.高校足球文化的价值与构建策略分析[J].智库时代,2020(8):295－296.

[8]仇周亮,李丽,张冬.我国高校足球教学现状与发展对策[J].中国体育教练员,2022(4):69－71.

[9]邓琰炳.高校足球教学创新的思考[J].当代体育科技,2021(3):103－105.

[10]董利.高校足球训练中组合训练的应用[J].当代体育科技,2021(23):50－52.

[11]杜磊.论校园足球背景下的高校足球教育改革[J].冰雪体育创新研究,2023(19):92－94.

[12]杜磊.探讨高校足球运动训练中的体能训练[J].冰雪体育创新研究,2023(18):43－46.

[13]冯涛.足球教学设计与训练实践研究[M].长春:吉林大学出版社,2018.

[14]冯志钢.高校足球运动员体能训练[J].文体用品与科技,2021(4):43—44.

[15]付明忠.足球普修课教育教学实践指导教程[M].北京:北京理工大学出版社,2014.

[16]胡宁.高校足球教学的创新理论与实践研究[M].徐州:中国矿业大学出版社,2018.

[17]姜虎.高校足球探究式教学模式研究[J].当代体育科技,2020(19):191—192,195.

[18]金小红.高校足球专业学生运动损伤情况的调查分析[J].新体育·运动与科技,2023(12):104—106.

[19]李海旭."五位一体"高校足球教学的内容与实践[J].体育风尚,2023(1):56—58.

[20]李云飞,张帅,张威伟.高校足球教学与训练实践研究[M].长春:东北师范大学出版社,2021.

[21]李泽成.高校足球教学的小组合作模式构建分析[J].体育风尚,2023(13):89—91.

[22]李震.高校足球教学课程思政建设探究[J].当代体育科技,2023(5):153—156.

[23]李智.体育强国背景下的高校足球教学与发展探讨[J].冰雪体育创新研究,2023(10):127—130.

[24]蔺麒.高校足球专项技术教学特征分析[J].当代体育科技,2021(15):142—144.

[25]刘磊.足球运动训练与教学实践[M].昆明:云南人民出版社,2021.

[26]刘新冬.普通高校足球教学理论与实践研究[M].北京:九州出版社,2018.

[27]孟东明,莫祥德,符运猛.高校足球教学实践研究与理论指导[M].北京:中国书籍出版社,2014.